父親這種病

父という病

Takashi Okada

岡田尊司

張婷婷——譯

推薦語

「父愛缺失」，在青少年心理問題發生因素中排第一位

——楊聰財（楊聰才身心診所院長、國防醫學院兼任副教授）

每個人都沒有辦法決定誰是他／她父親、母親，而父母親的身心狀況更是會影響他們子女一輩子。以球隊的角色來比喻，母親比較像是「防護員」，而父親則傾向是「啦啦隊」。美國衛生部編寫了一本手冊《父親在兒童健康發展過程中的重要性》，其中明確定義了成功爸爸的祕訣，在於願意承擔、認識孩子、態度貫徹、願意供應及保護、愛護孩子的母親、願意與孩子溝通，及注重孩子靈性培養七方面。

但是因為現代離婚率高，全球父親缺席、甚至失功能（dysfunction）的現象卻比比皆是、日益嚴重。像在日本，有孩子的家庭中大約有十分之一的家庭沒有父親；在美國，這個比例超過了三分之一，而這當中又有四成的孩子，有一年以上沒有見到父親；並且，有

一半以上的孩子在十八歲前都有父親缺席的經歷。有專家稱這種現象為「沒有父親的社會」。調查顯示，有心理問題的青少年均有不同程度的父愛缺失（主要是父親功能缺失），在青少年心理問題發生的相關因素中排第一位，排第二位的是父母的教養方式是溺愛加控制（控制性溺愛），以上問題統計發現高達百分之八十七。所以「父親這種病」確實不可不慎啊！

本書作者繼上一部精采著作《母親這種病》之後，又出版此本從生理、心理、環境多面向角度，來探索父親的功能，以及「不健康」的爸爸會給下一代造成的影響。在書中，作者說明父性與母性角色的差異，源於生物學上荷爾蒙方面構造差異，在父親身上有稱之為血管加壓素（Vasopressin）荷爾蒙所扮演著重要的角色。在父親熱心育兒的物種中，腦中存在大量對血管加壓素具感受性的神經細胞。血管加壓素作用活潑的物種，不只是對自己的孩子，對其他的孩子也會有父性的保護行動。延續此生物基礎，作者飽讀古今資料，在書前半部列舉歷史上多位名人，當父親因為不同原因造成「缺席症候群」、過度霸道的教養（甚至把孩子趕出去）、又或者是不當的過度服從子女，造成下一代的悲劇，讀來真是令人掩卷嘆息啊！當然，作者也在書後半部，提出改善之道。本人心有戚戚焉。

此書十分值得一讀、省思，甚至可以組成讀書會好好討論與分享！

以養兒育女來說，父親這種病是整體脈絡的一環

——洪仲清（臨床心理師）

在我的臨床工作中，缺席的父親，不管是在生理或心理層面，都是常見的現象。然而，母親目前也需要出外工作養家，母親的缺席也變得越來越明顯，這似乎是某種男女平權的表現。

以自己的工作成就與個人享樂為優先的母親，慢慢地變得不稀奇，所以男性以父親角色跟孩子建立關係，就變成彌補親子關係，讓孩子在身心層面健康成長的重要養分。尤其在陪伴孩子遊戲，透過遊戲讓孩子健康成長的部分，男性的角色更吃重，孩子跟爸爸一起玩，其快樂程度媽媽不見得能取代。

而家庭作為一個社會的單位，父親與母親兩者，對孩子都有錯綜複雜的影響，即便父親不見得常在孩子身邊。所以以養兒育女來說，父親這種病，是整體脈絡的一環，要整合起來一起看。

讓我們能好好看見自己與「父親」的關係

——蘇絢慧（諮商心理師、心靈療癒叢書作家）

這本由《母親這種病》同一個作者岡田尊司所著的《父親這種病》，是從各種面向及觀點（生物因素、依戀關係、家庭系統、家庭動力、社會文化）來探討「父親」這個人物存在的意義，以及對後代的影響。

姑且不以母職化角色來期待父親也扮演，父親的存在，仍然對孩子的成長有著非常特別的存在意義及影響。而最大的影響，是影響了孩子面對外界（社會）的能力，包括：冒險與挑戰。還有，如何進入社會，例如：社會規範及社會期許的因應。

這本書不論在心理專業、親職關係給了我們豐富的學理，更讓我們能好好看見——自己與「父親」的關係，不再模糊化這個人對自己的影響。

前言
父親是必須的嗎？

・・父親是什麼？

父親是什麼呢？這或許是比「母親是什麼」還要難以回答的問題。因為就算與母親的關係再怎麼淡薄且不穩定，也會因為歷經十月的懷胎與生產，以及一年半到兩年哺乳期的這種生物性的結合，而被掛上特別的保證。因為那畢竟是旁人無法取代的情感羈絆，只要母親沒有怠惰於扮演這種生物性的角色，或不幸地對孩子失於關愛的話，那麼母子關係就可以永保安泰。

然而父親的話，是一個人在出生前十個月，與母親這位女性相愛，除了提供過精子以外，在生物上的連結相當匱乏。父親所完成的生物性角色，尤其不存在。換句話說，對孩子而言，父親之不可欠缺，是在孩子以受精卵誕生之前的瞬間，就幾乎等於結束了。之後可以說是可有可無的存在。

就生物性而言，父親幾乎可以說是無關緊要的，也由於這個緣故，與父親的連結是比和母親的關係更屬於一種心理、社會的層面。換言之，只要社會與時代改變，就容易被心理與社會的狀況所左右的關係。相對的，母子關係多半由生物性所決定，因此擁有超越社會與時代的普遍性。

今天，若與母親的關係完全改變，便是偏離了生物性的條件，是個非常危險的徵兆。另一方面，與父親的關係會隨社會與文化的改變而改變，本來就具多樣性與可塑性。就這一點來說，要回答父親是什麼的這個問題，要比回答母親是什麼的問題還更加困難。

父親是必須的嗎？

近年來的醫學研究讓我們更清楚認識一件事，那就是母親與孩子在新生兒期到嬰幼兒期緊密深切的關係，是孩子健全成長不可或缺的要素。這樣的關係不僅與心理社會有關，也是哺乳類動物共通的生物行為。

誕生後約一年半期間的母子關係，不僅孩子在精神上的穩定與人際關係的品質產生作用，對於身體健康或智力，以及社會的發展、抗壓能力，乃至於在養兒育女或與伴侶的關係上，一生當中都持續著無法估計的影響。

然而若要論及父親，那麼同樣的前提便無法成立，必須一直到後期，從孩子成長發育過程中是否必要存在開始談起。

如果母親的角色缺席，孩子不僅無法獲得應有的養育，甚至會停止成長，連生命都會有危險。已經有許多的數據資料顯示，這是不可撼動的事實。不只是人類，對所有的哺乳類動物而言，都是生物學上的事實。這是因為所有的哺乳類動物都同樣擁有催產素系統這種依附架構的關係。

那麼父親又如何呢？

首先從生物學的觀點來看，父親與母子會共同生活並共同養育兒女的物種，只占了哺乳類全體的百分之三左右。而且，父親的角色大多都是非直接照顧，是保護母子不受外敵欺侮的輔助性角色。且大部分的物種，是在母親每次發情期時就會更換伴侶的，這個時候，與前伴侶所生的孩子通常都會被趕出去。

父親會和母親一起養育孩子的物種，也只有靈長類一種，就連被認為是與人類最相近的黑猩猩，父親也是不參與養育兒女工作的。母親和孩子自成一個集團生活，而公猩猩則只和其他公猩猩另組一個集團生活。只有在發情期，公猩猩才會對母猩猩表示關心，對幼猩猩則並不關心。

在這層意義來看，在家庭中與妻子生活並且一起養兒育女這件事，是人類特異的進化，也可以說是最具人類特性的行為。

而這種人類特別進化的父性機能，是到了農耕、畜牧生活時期開始後才被強化的。因為像俾格米人（Pygmies）那樣的狩獵採集民族，父親並不太參與撫育孩子，只會遠遠地看著母子，比較類似黑猩猩的行為。

在狩獵採集生活時期中，只有母子一起生活並不會有太大的問題；但是到了農耕生活時期，不論是高度組織化的社會合作，或是蓄積財富的集團組織性戰鬥，都使得人類必須去學習符合社會規範與規則的行為模式。父親以一家之長的身分領導大家，同時擔任教導孩子這個共同體的規範，將孩子培養成可獨當一面的組織成員。

在這樣的父權社會下，父親是一個令人恐懼的存在，且具有不可忤逆的絕對權威。父親是一家的領導者同時也是教育者與精神支柱。

而改變這個大環境的，是近代工業化的社會。過去領導一家人的父親被大規模的工廠吸收，從孩子面前消失。孩子的教育改由學校擔任，剝奪過去父親所扮演的角色。父親退居到只需默默工作、負責家中經濟的角色。父親的存在感低落，孩子的成長重心被母親與學校所占據。

父親的存在感薄弱，與過去權盛時期無法相較。當父親變得不再那麼重要時，女性們就如過去般開始以自己的力量養育子女，這也是很自然的發展。戰時與戰後的人力不足、女性進出職場、女權的提高，都加速了這個狀況。離婚、成為單親媽媽，在沒有爸爸的情況下養育孩子，也變成理所當然的事。而隨著父權的崩壞，回歸母系社會的現象也開始發生。

目前有相當多數的人是在父親缺席的狀態下成長的。根據平成二十二年（二〇一〇年）的統計，家中有未滿十八歲孩子的家庭約有一千兩百萬戶，當中母子一起生活的家庭超過一百一十一萬戶。有將近百分之十的家庭裡沒有父親。另外，父子一起生活的家庭有十二萬餘戶，約占全體的百分之一。這將近十倍的數字差距，可以說正顯示出孩子需要父親與母親的程度差別。父親的必要度是母親的十分之一，也許這就是現狀所顯示出來的殘酷事實。

但至少我們可以從中了解到在我們的社會當中，即使沒有父親，對於孩子的生存來說不只幾乎沒有影響，在發展或健康面上也沒有母親缺席的影響來得大。我們都知道比起父親的依附關係，母親依附關係的穩定性更左右孩子之後的人際關係。與父親的關係即使不佳，只要與母親的關係足夠穩定，就能彌補父親帶來的負面影響。

然而要說完全沒有影響，也並非如此。它會增加的是發生各種問題的風險。其中之一就是犯罪行為。

在平成二十二年的犯罪統計中，以少年犯罪的高峰期十五歲來看，父母俱在的家庭約占六成，單親母子家庭占三成。若以單親母子家庭約為整體家庭的十分之一左右來計算的話，則只有母親養育的情況下犯罪風險增加約五倍。順道說明，單親父親家庭所占的比例，約為單親母親家庭的四分之一，以這樣來思考的話，可以推測風險會再上升二點五倍左右。

也就是說，母親雖然更重要，但並不是只有母親會使得孩子在成長過程中容易遭遇困難，其中應該也包含了經濟的問題，除此之外的其他因素也同樣有關係。

根據馬可密克（McCormic）等人的研究，從孩提時代就與父親分離的孩子與和父親一起生活的孩子相較，他們的自我評價較低，容易感受到被父親所拒。自我評價低或對原來可以依賴卻無法依賴的感情，都會影響人際關係與安全感。個性會變得過於小心翼翼，或相反地過度需求，因而容易與人相處不融洽。

在失去父親或父親缺席下長大的青少年，在憂鬱症或自殺、對藥物或酒精上癮、未成年懷孕、離家出走、學業中輟、身心症、精神障礙等的風險都會提高。這個影響被認為不僅到青年期，到懷孕期或中年期後仍然存在。也有報告指出，不僅是失去父親或父親缺席，父親的過度保護也會產生負面的影響。我們發現，因為文化與社會的差異，影響的程度也會有所差別。

此外，近年受到矚目的，就如我們將在後面章節論及的，不僅孩子在獲得適應社會所需的技巧與能力上，父親有它角色的重要性。如果沒有良好的父子關係，則在自我認同的建立上也會比較辛苦。前面提到的犯罪問題，也可以用這樣的觀點來理解。

・・從主角寶座上跌落的父親

在二十世紀初期，佛洛伊德創始精神分析學派近半個世紀以來，其理論核心都在父親。佛洛伊德所發現的伊底帕斯情結，也是依據佛洛依德對自己的自我分析所歸結而來的。佛洛依德思考自己對父親的害怕與嫉妒的由來，自我分析出可能是因為對母親有性的潛在願望。在不知道是自己親生父母的狀況下殺死父親、娶了母親的希臘悲劇之王伊底帕斯，同樣被潛意識的衝動所操控。在這樣的思考下，佛洛依德把它稱之為伊底帕斯情結。

於是，便得出這個伊底帕斯內心的糾葛就是人類內心糾結的主要理論。

然而，那是因為佛洛伊德活在強勢父權的時代。他應該也沒有想到有今日這般，與母親的關係會成為問題核心的時代。當時家庭的重心在父親，而且具有強烈的存在感。

而著眼於母親角色重要性的先驅者，果然還是女性。兒童精神分析先驅梅蘭妮・克萊因（Melanie Klein）發現，從嬰幼兒期開始的母子關係將會逐漸建構起所有人際關係的基礎。她的對手安娜・佛洛依德（Anna Freud）也是兒童精神分析的先驅者，針對戰時育幼院的孩童進行觀察，詳細報告了被奪走母親的孩子身上產生的變化，就是後來我們所熟知的依附障礙。更進一步研究母親角色重要性的，是英國醫師威尼科特（Donald Woods Winnicott）與鮑比（John Bowlby）。威尼科特認為「恰到好處的母親」在嬰幼兒期對孩子全心的奉獻，將會成為孩子健全發展的基礎。然而有關「恰到好處的父親」之必要性，並沒有特別加以敘述。以威尼科特為界，可以說是輕視父親角色的開端。另一方面，鮑比則從第二次世界大戰後大量產生的戰爭孤兒與疏散兒童的研究中得出，被奪走母親的孩子們在成長中會發生重大障礙的報告。

更進一步加速這個狀況的，是重複性的自殘行為，或重複自殺的邊緣性人格障礙的存在受到注目，嬰幼兒期的母子關係開始被認為是原因所在。於是，在約翰・鮑比發表了與依附關係有關的三部曲理論的一九六〇年代後，母子的依附關係與孩子的生存和安全感深切相關，是父子關係所無法企及的。這樣的理論更形明確。

就在不知不覺當中，主角寶座已全然地替換。

・・無伊底帕斯時代的父親

這等於宣告身為一家之主、絕對權威的父權時代已然結束。隨著與母親的關係變得對等時，父親也以家庭經濟支柱的身分從家庭裡消失。不常在家的父親，對孩子、對妻子來說不再具有過去那樣的存在感。

以強大父權為前提，對父親的恐懼與反叛的伊底帕斯神話，從前提開始崩壞。缺席的父親，早已不再帶給孩子強烈的恐懼與反叛心，也不再是產生激烈糾葛的對象。取而代之的是留在家中的母親與孩子緊密連結的態勢。以學術分析來說的話，是所謂的母與子的精神性「近親相姦」，而這已成為非常普通的事情。

父親的缺席以及與母親的緊密連結，帶來了伊底帕斯情結不存在的無伊底帕斯時代。

在伊底帕斯情結存在之前的階段，在精神分析家稱為「前伊底帕斯階段」的母子一體階段裡，將孩子與母親都留在了原地。

這樣的趨勢敲響了警鐘，重新點出父親重要性的，是主張回歸佛洛依德的法國精神分析醫師雅各．拉岡（Jacques Lacan）。拉岡將賦予框架、禁制的父親機能稱為「父之名」。「父之名」也是「父之否」(name/no of the father)，由於父親的存在，故而有不可違背之規則，違背規則是被禁止的，因此擁有控制放蕩不羈慾望作用的「父之名」，也是具象徵意義的規則與律法。

拉岡認為孩子是投射母親慾望的一面鏡子。然而若被母親的慾望所吞噬，便無法健全成長，因此，就需要有父親的角色。為了不讓孩子被母愛的溫水所吞噬，為了長成獨當一面的大人，要給予孩子限制慾望的框架、現實化過程的必要。父親要當一個難以跨越的界線橫阻在孩子面前，並牽引孩子走向與母親關係之外的世界，讓孩子的慾望經過鍛鍊能腳踏實地，轉化為現實。

例如，為了不讓孩子對母親需索無度，父親要扮演一個煞車器的功能。並且，為了防止遭母親吞噬，也需引領孩子走向外面的世界。這樣的父親角色，是為了均衡培育孩子所必要的。

然而在無伊底帕斯的狀況下，這樣的禁制功能將無法發揮作用。孩子會無節制地接近母親、無邊無際地貪戀著母親，而母親也相同。

以拉岡為始，雖然過程緩慢，但父親的角色所以再度獲得評價，也是因為臨床心理學家發現，若只靠母親，那麼母親角色的本身也將無法發揮它良好的功能。

・・父親能成為母親嗎？

就在拉岡企圖在精神分析的世界再度為父親的重要性打上鎂燈光時，在心理學的世界也開始逐漸重新檢視父親在孩子發展過程上所扮演的角色。這在一九八〇年後正式化。只是，這樣新的潮流，與其說是拉岡式的讓父親擔任特別的角色，不如說是將父親視為不遜於母親的照顧者，企圖將這兩者等同視之。很明顯的，在育兒的世界中男女同權也開始擴展，它可以超越性別，並非只是母親的事情，對父親來說，也同樣可以是快樂的事，為此添加了樂觀主義的色彩。

然而實際進行研究的話，父親的關係在質與量與母親相較下，都顯得貧弱。根據法國的調查，勞工階層父親花在照顧孩子的時間平均一天只有六分鐘；在美國，父親照顧孩子的時間只有母親的四分之一或五分之一，幾乎沒有什麼照顧。從質的這一點來看，母親對孩子說話的語彙更加豐富，在言語上的應對性來說，優越許多。

然而父親也有較優越之處，就是具遊樂性這一點。父親什麼都可以玩，讓孩子覺得有趣；而母親則會把所有事都變成例行公事，並且要求充滿毅力去執行，或要孩子去完成。隨著孩子的年齡日漸成長，這個傾向會更顯著。父親熱中身體運動與孩子玩樂，而母親則投注在準備食物或照顧孩子上。

就連玩遊戲也被認為父母在品質上有差異。母親偏好形式或玩具的遊戲，父親則是以身體去遊戲、且不拘形式，偏好獨自的遊戲。比起和母親玩，孩子和父親玩顯得更為積極。在各種不同的遊戲上，父親也較母親更具吸引。

在指導孩子的方式上，父親也與母親不同。母親對吃飯、洗澡等事都會一一指示，會不斷地密切注意，表現出著重細節的管理；然而父親並不像母親那樣會充分指示。不過，若是學校的學習相關事物，兩者的差異就會更為明確。

不論何者，在質或量上，父親要取代母親似乎都不是件容易差事。

在思想前衛的北歐等國調查，顯示男性花在育兒的時間與預期並無太大的差異，在對孩子的愛這一點上，反而顯現出危險的數據。根據瑞典的調查，主要養育者為男性，與主要養育者為母親或夫婦共同養育相較下，對孩子的愛較缺乏。

這暗示了父親對養育孩子感到負擔，甚至往往處於沒有餘裕感受自己對孩子的愛。這樣的現實，與其說是男性在對時代趨勢的抵抗，不如說這顯示出男性所具備生物學上的特性，對於接下全面性的育兒工作可能還是有困難的。

時代之輪不斷地往前邁進，母親外出工作養家，照顧孩子時間縮短，母親也成為了缺席的角色，甚至就連母親缺席這種事態都變得不稀奇。因為比起育兒，以工作與自己的快樂優先的母親也並非例外，於是，不得不犧牲一部分的母性，母親缺席或欠缺母性的育兒，其實也帶來了更深刻的「母親這種病」。

大家庭式的生活，雖然有人可替補缺席的母親，但母親與自己母親關係不穩定的人也有很多，依然有得不到支援的情況。而當祖母與父親很認真地替代母親養育孩子，隔代教養有時雖能彌補母親的缺席，然而，祖母與父親同時也逃不掉母子親密容易產生祖孫親密、父子親密的狀況。

在小家庭化與母親的缺席下，父親的存在與缺席如今已變得更容易影響孩子了。

像這樣，為「母親這種病」所苦的人之所以增加，或者母親過度支配或母親拋棄孩子，都是因為父親在實際上或機能上的缺席，因為我們生活在一個「沒有父親的社會」所造成的。父親的缺席促使「母親這種病」容易產生。反過來說，即使「母親這種病」的執行犯是母親，但將母親逼入困境的真凶，或許其實是父親也說不一定。母親這種病與父親的缺席可說是互為表裡，所以母親這種病其實也就是父親這種病。

「父親這種病」和父權時代相較之下，有著更多樣且複雜的變化。

接下來本書將試圖解開的，是從伊底帕斯時代殘留下來的父子關係到無伊底帕斯時代的父子關係，廣泛的父與子真相。

本書中會提出許多具體實例，這些一般的案例是以實際個案為基礎再做改寫，與特定個案並無關係。特別在此做聲明。

目錄

第四章 **父親缺席症候群**

結語

第一章

身為依附對象的父親

為什麼爸爸在這裡？

某位義大利精神分析醫師曾說，「父親是第一個從外界來到孩子身邊的人」。就如這句話所言，對於與母親半融合、還在吃奶階段的孩子來說，父親的出現非常突兀且毫無脈絡，簡直就像入侵者或是障礙物似的，也不知道是什麼時候出現的，對自己、對親愛的母親，都擺出一副很親密的樣子。這個人到底是誰？那個男人是「爸爸」。

爸爸是第一個闖入孩子生活的外人，也是外來世界的入侵者。於是，就在不了解為什麼爸爸會在這裡的狀況下，以一副唯我獨尊的姿態出現了。明明跟其他想抱孩子的人一樣，臉皮卻厚得很。至少對小嬰兒來說，「爸爸」是個意義不明的人，不太受歡迎的冒昧客人。

這個意義不明、也不太有用的人，開始發揮重要角色的時候，是在母親這個最重要的人結束哺乳期，孩子開始自由自在到處走動的時候。

其實，從喝奶的時候開始。嬰兒不只對母親，也會對父親顯示出依附情感。特別是當父親熱中照顧的情況下，更會顯現出不亞於母親的依附情感，有時候孩子喜歡父親的照顧更勝於母親。當然，這種情況會令人有些擔心孩子與母親的依附關係是否穩定。

雖然有程度上的差別，但從早期階段開始，父親如果能與孩子建立穩定的依附關係，將可為將來母子分離階段後要扮演重要角色的父親，營造出一個更適於發揮的環境。

・・在更初期階段的挫折

這是在佛洛依德稱之為伊底帕斯情結，與父親成為對手關係開始前的更早階段。伊底帕斯情結開始增強是從四歲的時候開始，這個時期若不能順利克服與父親的糾葛，有可能導致精神疾病的發生。

隨著家庭與社會共同體崩壞進入無伊底帕斯時代後，對許多人來說父親的存在感變得薄弱，也失去了支配的能力。這也意謂著無法再說伊底帕斯情結是人格主要的情感糾葛。

那麼，從伊底帕斯情感糾結中解放出來，人們在精神上是否能穩定下來呢？答案完全相反。人更容易產生比精神疾病更不安定、更嚴重的問題。雖因精神疾病的人減少，但許多人卻呈現出上癮症或進食障礙、邊緣性人格障礙等等，更為棘手、更難處理的精神狀況。究竟是發生了什麼事？

事實上，是在比伊底帕斯更早的階段，即我們稱為前伊底帕斯的時期，就已經發生問題了。也就是說，在一歲半為止與母親依附關係的形成，或從兩歲到三歲間進行的最初分離過程中已遭到挫折。結果就是與母親的依附關係變得不穩定，對任何人都無法產生最基本的安全感與信賴感，母子分離失敗，就在與母親融合的狀態中停滯不前。

這種狀態的存在從佛洛依德時代已為人所熟知。這樣的個案即使施予精神分析治療非但無法轉好，反而會變得更加不安定，並且對治療者抱持戀愛情感或變得具嚴重的攻擊性。為什麼精神分析無法順利進行？當時人們並不了解。最初解開這個謎團的，是精神分析師米歇爾．巴林特（Michael Balint）。他將這個狀態稱為「基底損害」（Basic Fault，基本上的欠缺），這類型的人缺乏基本安全感，無法與任何人產生持續的信賴關係，而原因就在嬰兒期與母親的關係。

二次大戰後，具此特徵的人激增，開始被稱之為「邊緣性病例」。究竟其原因，是從嬰兒期到再接近期的母子關係，被認為是重要關鍵。然而精神分析的說明過於做恣意的解釋，欠缺客觀的佐證，失去可信賴度。與此同時，就連探究母子關係是原因所在，都被視為是一種「神話」。

在這當中，提出客觀佐證、給出一個明確答案的，是從鮑比開始的依附理論。鮑比明確地證實母子關係形成特別羈絆的依附情感，是一種生物學的現象，是孩子健全成長不可欠缺的情感。

他的後繼者們更進一步地解開不穩定的母子關係會種下將來的種種禍根，不僅孩子的人際關係或社會適應有困難，在智能、社會性的發展，或是精神、身體的健康上也都明顯地產生影響。在進入本世紀前後，支持著依附情感的生物學架構真相也已經被解開。

現在想想，我們就能理解巴林稱之為的「基底損害」，或戰後稱「邊緣性病例」的現象，都是因為成長在與母親不穩定的依附關係下產生的。

一九八〇年之後到本世紀的情況更是如此。在更初期的階段就發生困難的人增加了，這當中具重要的意義還是在於母子關係。在談到與父親關係的種種之前，應該更固若磐石的母子關係卻早已開始崩解。

依附關係形成失敗也好、母子分離失敗也罷，最後的結果都是以不穩定依附形式顯現於外。如此一來，就可以理解現代人的病理關鍵不在父親而在母親身上，不在伊底帕斯情結而在於依附關係。

這就是為什麼在本書之前必須先寫《母親這種病》一書的原因。孩子別說與父親，若連與母親都只有不確定關係的話，那麼在談孩子與父親如何如何的更早一個階段，可能就已經產生致命性的困難了。

那麼，是不是說在無伊底帕斯時代，父親就已經完全喪失了它的重要性了呢？事實並非如此。誠如我們在前言所說的，與父親的關係左右了孩子將來在社會適應的精神穩定性。在與母親關係已非固若磐石的今日，可以說父親的角色變得更加重要。

在不存在強大的父權、男女差距縮短的社會中，就如同與母親的依附關係重要性增加般，與父親的依附關係也有著在過去社會中難以想像的重要意義。在某種意義上，這也可以理解為父親成為母親的代理。並且，由於社會結構已失去它的機能，因此生物學的架構就變得更具重要性了。

與孩子形成依附關係的，不只是母親，父親也可以培養出與孩子的依附關係。那麼，與父親的依附又具什麼樣的意義呢？

與父親的依附關係

所謂的母親，不是把孩子生下來就能成為母親。從新生兒到離乳期為止，可以說幾乎是二十四小時不停地付出照顧與關懷，並且不忽略孩子任何的需求與呼喚，持續地給予回應，才能建立根本穩定的依附情感。而且，這樣的連結是有它的時效性，到一歲半為止的期間都必須維持緊密的關係。

這不只是心理社會的關係，也具有生物學上的、身體上的要素。從懷孕到生產、授乳這樣的過程中，完全是作為一個母親生物的本能。連結的強度與深度本來就不是父親所能企及的。

相對於母親，父親的存在就只是偶爾抱抱孩子、換換尿布，所以與孩子的關係較淡。現實的問題使得母親那一方壓倒性地擁有穩定的依附關係。

當然，當母親因某種原因無法達成這個機能時，父親能代理母親執行育兒的任務。我們也認為父親本來就具備了足以代理母親的構造。

根據耶魯大學醫學系凱爾・普魯埃特教授（Dr. Kyle D. Pruett）針對父親從乳兒期就代

替母親養育孩子的十七個家庭所做的研究調查，在這些家庭裡，孩子的發展極為良好，活動性與好奇心都旺盛，也沒有產生分離焦慮的問題。從這個結果來看，普魯埃特教授推演出絕非只有母親才具備養育本能的結論。

只是，是否可以從這個研究結果來認定父親可以完全替代母親的角色呢？對此，我們不得不感到質疑。要得出這麼樂觀的結論，八年的時間顯然不夠充分。而真正的問題是之後，也就是青春期後才容易顯現出來。然而，無庸置疑的是，要是有什麼狀況發生，父親確實具備代理母親的能力。

・・保護母子抵抗外敵

雖說如此，但在通常的情況下，父親被賦予的是更重要的任務，他要保護母子抵抗外敵，輔助母親養育孩子。

父性與母性角色的差異，是在生物性荷爾蒙方面的構造差異。與孩子之間的依附情感，以及支持養育孩子的荷爾蒙構造，稱為依附系統，由催產素這種荷爾蒙掌管。這個催產素就是母性的真實身分。

另一方面，在父親身上則由稱之為血管加壓素的荷爾蒙扮演重要的角色。這被認為是支持父性的生物性構造。實際上，在父親熱心育兒的物種中，腦中存在著大量對血管加壓素具感受性的神經細胞。血管加壓素作用活潑的物種，不只是對自己的孩子，對其他的孩子也具有父性的保護特質。

血管加壓素是一種與催產素構造類似的荷爾蒙，都與養育孩子或愛有關，且與催產素有著饒富趣味的差異。

催產素使人心情平靜、行為穩定、易於忍耐；相對的，血管加壓素會提高活動性，為了保護依附自己的人會具攻擊性及探索性。能夠平靜下來、安於居家，對照顧孩子來說是非常重要的，這應該是很容易理解的吧。

以人類來說，女性一旦生產，即使過去在社會活躍的人，也都會花一、兩年的時間專注在育兒上；而且對這樣的生活改變並不感到痛苦，因此為了能全心投入育兒，催產素的作用就十分重要了。當不再哺乳、催產素的作用變弱後，母親就容易感覺育兒束縛的痛苦。會變得焦躁不安，開始想往外跑或做些什麼事。

當父親必須育兒時，感覺會比母親更痛苦，就是因為生物性的構造差異。血管加壓素的作用處於優越的位置，因此，好好地待在家中陪伴孩子，對男性來說並不容易。

然而，當母親無法扮演這樣的角色，父親要替代母親的話，即使在一開始覺得痛苦，之後痛苦也會慢慢遞減。與其說這是單純的習慣問題，不如說是藉由照顧孩子活化了體內的催產素系統，為了保護孩子而穩定了下來，所以就不會那麼痛苦了。

雖說是父親，但只要是迫於所需，還是可以發揮某種程度的「母性」。近年來流行的教育爸爸，也被視為是替代機能活絡的証明，產生了與母親角色交換的情形。

話雖如此，就本來的角色而言，比起直接照顧兒女，父親以他的攻擊性與行動力保護母子安全的這一面是比較強的。

這個攻擊性的強大，賦與了父親兩種面貌。一種是堅強又可靠的庇護者父親，另一種則是可怕、令人畏懼的父親，都是父親的兩個角色。即身為母親與孩子保護者的父親，也作為框架機能及禁制力的父親。

無論是伊底帕斯情結或「父之名」作用，一般多半只重視後者禁制性的角色。但是身為庇護者、守護孩子安全的任務也很重要。父親的缺席，不只不能發揮抑制性的功能，更形成了安全容易受威脅的狀況。

例如，對於曾有過與父親分離經驗的孩子，就被發現常常會有做惡夢或恐夜症的狀況。因為變得不安全，所以在性格上也容易變得消極。

沒有父親的孩子，一方面容易帶著幼稚的自大感成長，同時又有一顆容易受傷、缺乏安全感的心。這種反差就是父親缺席孩子的特徵之一。

父親可以幫助孩子不被母親吞噬，離開母親走向外面的世界，學習自立。能這麼做也是因為有一個堅強可靠的庇護者父親，一路守護他們。孩子必須要擁有與父親的依附關係，因此孩子會去尋找理想父親形象，並去認同父親。要是父親的角色薄弱，孩子就會缺乏冒險犯難與勇往直前的精神。所以重要的是，在幼年期要與父親培養出依附的關係。

母親這個安全基地牢靠，雖然可做為孩子探索世界的後盾，但引導孩子探險的父親這個嚮導，則可以讓這個過程變得更容易且安全。

然而依附關係不穩定，父親具備的攻擊性和行動力，不只無法順利發揮保護母子的作用，也達不到引導孩子走向社會的功能。空有攻擊力和行動力卻無用武之地，家暴就是其中的典型。攻擊性應該是用來保護依附的對象，卻朝向應該守護的人。有些父親因對孩子依附情感貧乏，就會顯得漠不關心，或是只忙著自己的事。

不管是依附關係穩定的父親，或是依附關係淡薄的「迴避型」父親，還是對依附關係有強烈不安而過度要求依附的「不安型」父親，跟孩子的相處方式也都大不同。

刺激孩子，誘使孩子走向外面的世界

父親的任務，與血管加壓素的另一個重要角色有關。那就是誘使孩子去挑戰與冒險。

催產素活性高的父母，會活潑地表現出對孩子情感深厚的關愛，或對孩子產生認同。相對的，血管加壓素活性高的父母，則偏好刺激孩子的興趣或冒險性，將孩子的注意力轉向外界。比起讓孩子感到安心，他們更想用新的冒險或興趣去刺激孩子，讓他們不要停留於現狀，將行動或關注朝向外界。

當然，女性也具備血管加壓素，這與性別無關，有些人血管加壓素的活性高有些人低。如試著監看血管加壓素的活性與對孩子的關愛方式，就可以看出前文所述的傾向了。即使是女性，也有人能夠順利達成父性的任務，即便是男性也有人對這個任務感到棘手。但整體來看，還是父親一方的血管加壓素活性高，可以讓孩子運用身體去遊戲、讓他們將注意力朝向外界的事物。

本來由男性和女性分別擔任的任務，現在的界線變得曖昧、被平均化了，但並沒有從此在生物學上的構造中解放，性別的束縛仍然存在。

催產素與血管加壓素的作用還有其他對照性的差異。其中之一就是，催產素是對人的關心，血管加壓素則是對事物的關注。

關心的性質也有差異。相對於催產素的同理心，血管加壓素則是一種冷靜對敵般的關注。或許可以說催產素與溫柔情感有關，血管加壓素則與嚴格支配相關。這樣的差異，也與眾所周知的男性腦與女性腦的差異重疊。

就如同催產素活躍對母性的愛與照顧不可欠缺般，血管加壓素活躍，對孩子與父親的連結也很重要。

在動物實驗中，缺乏父親養育的孩子，相較於與父親共同成長的孩子，用身體去遊戲、打鬥的經驗較少，因此在下視丘產生血管加壓素的細胞數也較少。

這樣的傾向被認為與社會發展性或將來成為父母時的行為也有直接的關係。我們認為在父親與母親共同養育的物種中，父親有父親必需獨自承擔的角色。

・・成為父親這件事

母親也不是一開始就是母親。是在生產養育孩子的過程中才成為母親的。這時產生重大變化的就是催產素系統。

生產之際大量催產素會被釋放，在引發陣痛的同時也保護著母親不受痛楚。哺乳或抱孩子時，催產素的分泌活潑，引發了母性的行動。

像這樣受到催產素的影響，母親的大腦本身也會有變化。從女兒腦變成了母親腦，母性於焉誕生。

成為父親時是否也會產生同樣的變化呢？會因為成為父親而使得負責父性角色的血管加壓素活性提高嗎？

根據成為父親後的變化所做的調查，這似乎因物種而異。父親行為活躍的物種，血管加壓素的活性比起還沒當父親時的狀態來得高。然而沒有參與養育下一代的物種，就看不出特別的變化。

以人類所做的調查中，血管加壓素並沒有產生特別的變化，反而是催產素增加了。在與自己孩子的接觸中，父親身體裡也會產生母性愛增強的狀況。

在溫柔對待自己孩子的這一點上，父親和母親一樣都是被催產素所控制。由於催產素升高，再以血管加壓素為基礎的調和，才產生了堅強又溫柔的人類父性。

舉例來說像養育環境的問題等，在催產素或血管加壓素無法順利運作狀態下長成大人，這種架構就無法順利發揮機能，對孩子容易表現出不關心。

如果父性的另一種粗暴攻擊性與冒險活動性本質，在缺乏催產素作用下，則可能會發生虐待或家暴、外遇或拋棄孩子等問題。

與血管加壓素關係深切的攻擊性和活動性，雖然是重要的父性要素，但人類的父性特徵不是只在強大，或許還是需要兼備溫柔母性的父性吧。

・・強化對抗壓力與不安的能力

所謂依附，是種相互的結構。看到與自己依附的孩子，在父親的腦中催產素就會分泌活潑，十分鐘後血漿中的催產素濃度就會上昇。血管加壓素在血漿中的濃度雖然不會變化，但調查基因水準表現，我們得知下視丘的細胞不只是催產素，分泌血管加壓素的基因活動在看到自己的孩子時也提高了，腦中的基因表現會產生變化。

催產素在血漿中上升，會提高對壓力的忍耐度。即使在感到壓力的狀況下，若在受壓之前看到自己孩子，就能抑制住皮質酮這種壓力荷爾蒙的上升。

血管加壓素也被視為有同樣的傾向。血管加壓素升高的話，對不安的忍耐力會提升，抗壓性也會增強。在動物實驗中，嗅到敵人的味道時，在血管加壓素分泌低的情況下會立即加強警戒，放棄照顧孩子；但是若血管加壓素大量分泌，就不會顯得提心吊膽，會悠然自得地繼續理幼獸的毛。成為父親後這個人會變堅強，和孩子一起生活對父親來說也有免於壓力的作用。

許多心理學的研究已經證實了這一點。經常和孩子相處的父親，壓力較低，這個傾向同樣符合中年期的父親。不只是孩子小的時候，到了十幾歲的青少年期也一樣，經常與孩子相處的父親較不容易感覺到壓力，精神狀況也較安定，在工作上也表現穩定與企圖心，並且在家庭以外也會想要指導年輕世代。

從另一面向來看研究的結果，這些有穩定依附的父親，不只和孩子的依附關係穩定，在和其他的人際關係上或在職場上的適應性也較為良好，自我認同的建立或社會發展過程也不容易遇到困難。

然而，就算是有穩定依附關係的人，有時因工作忙碌與孩子相處不足的話，就無法建立出依附關係，親子關係也會變得不穩定。這不只是身為父親，也會影響一個人的成熟與穩定度。

不太能見到孩子的面，不得不長時間在強大壓力下工作，有時甚至幾個月或幾年的時間都必須跟孩子們分開生活的父親們，究竟犧牲了多少東西？這真的是太可怕了。不用說這有多麼殘酷、又不人道，這根本是逼迫他在非生物的環境下工作。

沒有家庭、沒有孩子的男性增加，還有好不容易結了婚卻因離婚而無法自由探視孩子的父親也增加了，都可以說是不幸的狀況。也可以說這將使得父親的身心健康與壽命都減損了。

但是，這當然是指父親本身就具備穩定依附的情形。父親屬於迴避型依附時，結婚或育兒反而會造成壓力。結果，導致離婚，最後剩下只須背負經濟的負擔而已，這也是今日社會的情景。對父親來說也是受難的時代。

・・

從依附關係看到的父性類型

從依附關係的觀點來看，父子關係可以依1依附關係的穩定度、2不安型或迴避型的依附形式來分類。

此外，也可以用1父性的關係優勢、2補償母性的關係優勢，以特性來區分。這種情況下，前者可以被視為是血管加壓素，後者則是催產素優越產生的作用。

我們就從這樣的觀點來看父親的類型。

①感情深厚、堅強的父親

第一種，是催產素和血管加壓素都充沛的類型。這種類型的父親有深厚的愛，感情穩定的同時也具有行動力，是位堅強可靠的父親。有身為父親的存在感，不管對孩子或對妻子都堪稱是無可挑剔的父親與丈夫。這樣的父親內心溫柔有力、依附關係穩定，並且也富有外向發展的活力，就這層意義而言可稱為「穩定外向型」，也可以說這就是過去美好時代典型的理想父親形象。

精神分析的創始者西格蒙德．佛洛依德（Sigmund Freud）完全就是這樣的人物類型。他和妻子瑪莎在八年內生了六個孩子，外遇之類對這種類型的人可說是完全不可能。他不只珍惜家庭，對外也很活躍。佛洛依德的伊底帕斯理論，就是以這樣的父親形象為基準所導出的。然而在今日，這樣的父親已經變成特例了吧。

可靠、值得尊敬、有愛又具深切關懷的父親，對孩子來說就是理想中的父親。

但是這樣也非全然都是好事。擁有一個無可挑剔的父親，卻成為孩子幸福的枷鎖也是有的。典型的案例就是我們後文會提到的，擁有太偉大的父親以至於被理想形象所束縛的情形。

父親佛洛伊德與女兒安娜

佛洛依德的小女兒安娜，可以說也是這樣的案例之一。她是佛洛伊德的第六個孩子，也是最小的孩子。她在佛洛伊德三十九歲時出生。安娜非常聰明，而且是個美女。但在出生時，雙親對最小的女兒並沒有什麼特別的期待。

安娜討厭被束縛，因此不喜歡學校。也因為如此，她並沒有為了進大學而接受特別的教育，在安娜十九歲那年，她成為了小學老師。她之所以投入孩童的心理研究，就是因為擔任過教職的關係。

然而她原本體弱，致使她難以持續教師的工作。當她辭去教職後，安娜便一邊幫父親佛洛伊德工作，一邊主動向父親學習教育分析。而她自己開始進行以孩童為對象的兒童分析，是二十八歲的時候。

這段期間，美麗的安娜身邊出現了許多追求者，但安娜卻對他們不屑一顧。她的健康開始衰退，身為學會的父親助手常被孤立，之後她也選擇走上繼承者的道路。

據說原本父親佛洛伊德意屬的是長女瑪蒂爾達。但是在排行前面的女兒們都陸續出嫁後，佛洛伊德便仰賴起最小的女兒安娜。安娜從小就非常喜歡父親，她把與父親兩人單獨去威尼斯的旅行視為特別的回憶，非常珍惜。

安娜身為父親的助手，隨著漸漸了解父親工作的意義與偉大外，對父親的尊敬之心更是與日俱增，必須保護父親的想法也越來越強烈。而從父親偉大的這一點來看，那些前來示好的男人們，在她的眼中看起來就顯得微不足道了。

唯一例外的，是後來建立自我發展理論的愛立克．艾瑞克森（Erik Homburger Erikson）。安娜負責擔任年輕艾瑞克森的教育分析，似乎她對年輕的艾瑞克森懷有男女之情。然而安娜大他七歲，而且當時已是三十幾歲的女性了。後來艾瑞克森與其他的女子結婚，安娜終其一生都是單身，也一直都是父親的庇護者。

②愛自己的父親

第二種類型是，雖然缺乏催產素，卻有豐富的血管加壓素。這類型的人具有攻擊性、行動力，充滿男性特質，但卻欠缺愛與穩定情感。對孩子、對妻子都很粗暴，是一個自私的父親。

因為依附關係不穩定，所以很多人會因個人因素而拋妻棄子。因為有豐富的血管加壓素所以具攻擊性和行動力，也容易遊走在新伴侶之間。依附情感雖不穩定，卻很外向又具活力，因此就這層意義上便稱之為「不穩定外向型」。

同時在家庭方面也是不穩定，是不斷喜歡拈花惹草的男性類型。這類人的典型是把對自己的關心與快樂視為最優先，是愛自己的類型。

對這類人來說，自己比什麼都重要，即便是自己的孩子，但若是自己的自由或快樂被受制了，或變成不愉快的來源，就會覺得孩子只是令人惱怒的阻礙罷了。對於阻礙自己的人，就算是破口大罵或施以暴力都不以為意，因為覺得自己做的都是對的，因此會用都是別人的錯這種理由來為自己的行為正當化，不會反省自己。

從孩子的角度來看，這種人就是一個以自我中心，自私自利的父親。既然自己最重要，孩子只是阻礙的話，那一開始就不要生小孩不就好了嗎？是一個會讓孩子這麼想的父親。

然而這類型的父親認為，滿足自己的慾望是理所當然的權利，他完全不會忍耐或是客氣。若是忍耐或客氣，就代表自己是軟弱的，輸給了依附關係這個束縛。

因此，對於追到手的女性為所欲為也覺得是應該的，如果又有其他的機會，也會想要拋棄舊的，將新的對象占為己有。可以說，對這樣的人來說比起守護特定的依附對象，實現自己的慾望才是自我能力的表現。

自我愛強烈的父親與所有自我愛強烈的人一樣，都喜歡優秀、美麗的東西，討厭低劣、有缺陷的東西。即使是自己的孩子，如果是優秀的孩子就會愛，對缺乏出色表現的孩子或老是失敗的孩子，就會顯得漠不關心。有時甚至還會起憎恨、厭惡之心。

就算是同一個孩子，只要孩子表現出優秀的一面、拿出美好的成果時，就會給與讚賞和愛，覺得不愧是自己的孩子而感到驕傲與滿足；一旦孩子跌跤，留下失敗的一面或難看的結果，就會顯露出輕蔑而不屑一顧，表現出根本一開始就不需要這樣孩子的態度。

律師父親

陽奈子（假名）是一名司法研習生，為憂鬱與恐慌症所苦。陽奈子的父親是一位成功的律師，而陽奈子從小也理所當然的以律師為目標。她的成績優秀，回應了周遭人對她的期待，也獲得應有的成果。

可是她卻對父親有著相反的想法。雖然父親在社會上、經濟上都很成功，但是卻對失敗者或弱者毫不容情。精神上的疾病，在父親看來就是一種脆弱的表現，覺得很丟臉而不予理會。只有拿出優秀的成果，才會看到他表現出不愧是我的孩子的愉悅態度。稍微示弱或覺得自己不行，就會被認為是你自己努力不夠、內心太脆弱，只有顯露出更激烈的憤怒或加之更多的責罵而已。

外人看來他們是成功、幸福的律師一家，但實情卻是充滿殺氣騰騰的氛圍。父親總是只想到自己，特別是有時對待家人非常粗暴，要是稍加反抗，他會毫不在意鄰居的眼光，甚至會發出怒吼或動起粗來，所以母親和孩子都無法違逆他，只能默默承受。不能違逆父親成了這一家不成文的規矩，而這樣的狀態一直持續到陽奈子長大成人。

父親在工作上很有一套，把事務所做得很大，還擁有好幾台高級房車。但是在金錢方面非常斤斤計較，就連家用的一點生活費，也要一一嚴格審查。為了自己開心可以一擲千金，但就算是妻子，只要是除自己之外的人要用掉自己賺來的錢就不能忍受。

母親健在時，因能與父親保持距離，可以閉上眼不去看父親的缺點。但在母親兩年前因病過世，父親對生病死去的母親冷酷的對待，彷彿在對待一個沒有利用價值的東西似的，甚至連治療費都捨不得出。在母親死後不到一年，父親就提出了再婚。看著父親沒有任何歉疚地稱讚對方有多好，還宣稱「我想妳媽也會允許」的狀態下，她隱忍著憤怒，聽著他說這些話。然而，父親卻不小心說溜了嘴，原來兩年前父親早已與對方交往。她終於明白，當初為了母親的病連絡父親，好幾次都連絡不上，在母親痛苦地與病魔奮戰時，原來父親是和年輕的情婦在一起。

面對這樣的狀態，使得陽奈子甚至連對想從事的律師工作，都失去了熱情。自己真的想做這份工作嗎？還是因為想要獲得父親的認同，才一味地壓抑自己拚命努力呢？她自問。

自己曾經視為目標的律師，真的是那麼了不起的工作嗎？律師父親難道不是一個對母親和孩子都不愛的無情之人嗎？學習法律非但不能保護人，若還被拿來將人性的醜陋欲望當作正當化工具的話，那學這種東西又有什麼用呢？

曾經視為目標的父親，如今感到的是幻滅，就連自己的理想信念與一直以來的努力，都覺得不具意義了。陽奈子的憂鬱與不安症狀，在失去母親這個支柱的同時，內心一直存在的父親價值觀與自己的自我認同，顯現出一起崩壞的危機。

要是能在更早期階段就能反抗父親，或者曾經有過從追著父親身影的這條路脫離的經驗，那麼她的危機可能會小一些。但是陽奈子的狀況是，一直到二十五歲後她都還依賴著父親的支配，因此她的傷痛與衝擊才會如此巨大。

・・反社會性的父親

缺乏催產素，在血管加壓素活力較強的情況下，攻擊性會比較強，雖然具有男性魅力，但是在感情和依附關係上會不穩定。這種情況若再加上養育環境的問題，就會變得更暴力、更冷酷。愛自己的這一點雖是共通的，但他們會更加毫不在意地破壞規則與道德的規範，會更加無法無天。有這樣反社會人格父親的孩子，可以說從出生開始就背負著重大的試煉。

這樣的父親不會幫忙照顧孩子，甚至容易發生虐待小孩、忽略小孩的情形。

③母性的父親

第三種類型，是催產素很豐富，卻缺乏血管加壓素的類型，屬於母性的父親類型。對孩子有很深的愛，也常照顧孩子，感情牽絆也很緊密。但因為欠缺攻擊性與行動力，喜歡平靜安穩的生活，欠缺男性魅力、冒險心、刺激性；但卻很顧家，也會幫忙養育孩子，依附關係很穩定。但他關心的是家庭內的事情，因此在這層意義上我們稱之為「安定內向型」。

這份資料雖然是之前的調查，但結果諷刺顯示的是，對家庭關心度高的父親在社會成就的這一點上，表現得比較差。另一方面，其他研究顯示，孩子的學業成績良好或在社會成就上，父親的關心與參與度很重要。不用說，對孩子而言，比起父親在社會上的成就，他們更需要的是父親的照顧與關愛。

巴布羅・畢卡索與父親荷西

二十世紀最偉大的畫家之一巴布羅・畢卡索，他的父親荷西與兒子一樣將熱情奉獻給繪畫，曾經擔任美術館長與美術學校教師。在與兒子巴布羅的對照下，是身材瘦長的理想家，一個擁有公平無私性格的人。身材短小壯碩的巴布羅，傲慢且自私的性格遺傳自母親。荷西的個性受到擔任神職的哥哥不少影響。荷西打從心底敬愛哥哥，而且什麼都仰賴哥哥，可以說是他的心靈支柱。能理解荷西對繪畫的熱情，並為此加以援助的也是哥哥。

也因此，當哥哥在四十六歲盛年猝逝時，荷西受到很大的打擊。小哥哥六歲的荷西，雖然已經四十歲了，卻沒有固定的職業，而且還是單身。

另一方面，荷西的弟弟薩魯巴德則比哥哥更懂得人情世故，在馬拉加市衛生局工作，在上司面前很吃得開。在市立美術館成立的時候，他開始運作讓哥哥擔任館長。因光靠畫作的收入畢竟無法維持生活，於是荷西便擔任這個職位。這對於他繼續繪畫的生涯和獨立謀生而言都非常幸運。事實上若沒有這份工作的話，荷西也不會結婚，而巴布羅・畢卡索也不會誕生，更不會對孩子施以緊迫盯人的天才教育了。

當上市立美術館館長之後，荷西結了婚。荷西當時四十二歲，妻子瑪麗亞二十五歲。瑪麗亞的疑心病很重，並不是性格開朗的女性，這和她的成長背景有很大的關係。她的父親早逝，從小嘗盡辛酸。

第二年，巴布羅誕生了，但出生時卻呈現休克狀態。如果沒有叔叔薩魯巴德鍥而不捨地對他施以人工復甦術的話，也許他來不及長大也說不定。或許是出生時休克所造成的影響，或是他太受寵強化了這個影響，我們並不清楚，但隨著巴布羅的成長，他的行為和學習上的問題開始顯著地表現出來。他完全靜不下來，非常好動，想做什麼就做什麼，想說什麼就說什麼。因缺乏注意力，閱讀或簡單的計算也一直學不會。唯一例外的就是畫畫，從還不會說話的時候開始，他就用畫畫來代替說話，作起了版畫。

三歲的時候，妹妹誕生了，母親的愛被奪走後，巴布羅開始黏著父親。六歲的時候，另一個妹妹出生，這個傾向益發增強。巴布羅非常討厭一個人獨處，荷西與兒子寸步不離，必須陪他一起上學。上課中他也無法安靜地坐在位置上，會往他看到的東西搖搖擺擺地走去。為了讓他安靜下來，只好在他桌上放上他喜歡的鳥類標本讓他畫。然而無論是物品或人物，只要映入眼簾的東西，他都可以用筆把它完美地畫出來。他六歲時畫的素描，讓人完全無法相信是個孩子畫的。

最初剛進小學時他完全不習慣，荷西讓他轉入友人擔任校長的私立學校，但是卻非常沒有成效，巴布羅整天纏著校長夫人，完全要靠夫人照顧。若勉強讓他上課，他的身體就會出狀況，一天到晚請假。父親只好放棄，除了繪畫之外對兒子再也別無所求。

荷西想盡辦法讓兒子去考中學（當時在西班牙十歲時有中學入學考），於是拜託擔任主考官的朋友放水，但就連應該不可能會答錯的簡單計算題巴布羅都答錯，頭疼不已的考官最後只好偷偷在他耳邊告訴他正確的答案。

當時，畢卡索一家開始陷入前途未卜的黑暗中。市立美術館決定關閉，荷西就要失去支撐一家人經濟的美術館館長一職。荷西好不容易在遠方小鎮的美術學校找到工作，雖然可以在那裡教書，但是必須搬到一個陌生的地方去。

在這片新的土地，語言和氣候都不同，從館長變成一介教師的荷西很辛苦。荷西感覺自己彷彿被流放，變得陰鬱，妻子瑪麗亞本來就猜疑心重，整個家庭氣氛也變得凝重。巴布羅在學業上更加跟不上，叛逆的他經常被罰關禁閉。然而對巴布羅來說，比起上課，關禁閉還好一些，因為他可以畫他喜歡的畫。巴布羅的課本都被他的塗鴉淹沒，除此之外能讓他一掃陰霾的也只有他們稱之為鬥牛遊戲的追野貓、虐待貓，有時還會殺死貓。

在這樣的狀態下讀中學，顯然地沒有什麼好處。荷西兩年就對讀中學斷念，決定讓兒子到自己任教的美術學校正式學習繪畫。

就這樣荷西正式身兼父親與教師兩角。過去荷西雖然教過他初步的繪畫，但這次他是以一個老師的身分開始指導兒子。有很多老師都承認，要教自己的孩子是最棘手、最困難的一件事，但是荷西完美地扮演了這兩個角色。

荷西以畫家來說或許二流，但若以美術教師來說就屬一流了。光看像巴布羅這樣個性強烈的學生，能不壓抑其個性而將他培育成名畫家這一點上，就可以獲得充分的證明。他越教就越確定自己的孩子是天才。原本突出的才能經過扎實的訓練後，有更長足的進步。

十三歲時，父親把自己的畫筆與畫具都傳給了兒子，告訴他自己將不再畫畫。父親把自己的一切留給了兒子，把希望寄託在兒子的才能上。

這種類型的父親，不只寬容且有深厚的愛，更具有奉獻精神，對於教育孩子韌性十足。對孩子來說，他們更是父代母職的人。以畢卡索來說，父親彌補了被妹妹奪走的母愛。荷西．畢卡索本不是個擅長交際的人，但在被兒子倚賴的情況下，他投注入了特別的愛。而當他發現兒子有繪畫天分後，便將自己所會的一切都教給了兒子。然而他絕不強制孩子，他不僅培養孩子繪畫的技巧，也把他對繪畫的熱情有技巧地教給了兒子，這樣的教育法讓人感佩。

然而，這中間也產生了問題。因為是父代母職，荷西容許兒子最大限度的任性以及父子之間持續的連結。畢卡索因此就這麼帶著幼稚的自大感與誇大的表現長大。如果畢卡索沒有才華的話，毫無疑問地他將無法適應與融入這個社會。

④迴避的父親

第四種，是催產素和血管加壓素都匱乏的類型。不只欠缺愛，對孩子也缺乏關心。加上欠缺行動力與冒險心，遇到事情的時候會顯得非常懦弱，欠缺男子氣概。依附關係不只淡薄，也是個會逃避積極社交與挑戰的「迴避型」父親。當然，也是最缺乏存在感的父親。

這是迴避型依附者的最大共通點。迴避型父親，本來就不喜歡親密的信賴關係，與人共享心情或體驗也不會感到關心與喜悅。比起這些，會更熱中於自己關心的事，那也是他感覺最舒服的。

這個典型就是類精神分裂型。類精神分裂型人格異常，是因為遺傳基因上缺乏人際關係的喜悅與關心，喜歡一個人獨處。缺乏表情與同理，也少與人協調、分享快樂。有時是因生物學上的特性影響，也有的時候是因為小時候養育者的關愛極度不足、被忽略的結果。

前者符合自閉症光譜中的自閉型或被動型，而後者則符合被稱為逃避型依附障礙（抑制性依附障礙）的類型。

自閉型的案例，缺乏情緒反應，對於與人分享或關心他人沒有什麼興趣或喜悅感，只沉浸在自己興趣、關心上，因此行為變得孤立。結婚成為父親的比率也比一般平均值來得低，如果結婚成為父親時，通常對孩子的關愛也很淡薄。

只是，這類型的人有時候會因為有了孩子，或因照顧孩子而活化了他的依附情感，會表現出一副好父親的樣子。這類型的人也會在到達某個年齡層時轉趨成熟，才逐漸顯露出對孩子關愛的一面。年輕的時候，光是忙自己的事情就已費盡心力，很多人不會想要有小孩。在這種情形下，如果是不小心有了孩子後，會是一個存在感非常薄弱的父親。孩子在父親關愛不足與遺傳的影響相乘下，很容易有自閉的傾向。

當然，因為母親的角色會彌補這方面的不足，所以並不會就此受到父親的影響。然而若母親有自己的工作，或身患疾病，又或者是有兩個以上的孩子時，可能無法完全地彌補，多少會造成影響。

榮格與父親保羅

偉大的心理學家卡爾·榮格的父親鮑爾，是個具學者氣質的人。他通曉古代語，希伯來文和阿拉伯文都有很深的造詣。雖然有這樣的才華，卻沒有成為學者，而是成了一位鄉下牧師。鮑爾的父親從德國來到瑞士，是巴塞爾大學醫學系的教授，後來當上了院長，和孫子一樣叫卡爾·榮格。而鮑爾的母親則是巴塞爾市長的女兒。

在良好的家世背景之下，鮑爾想當然前途應該是有很多的選擇，然而現實生活中並非如此。雖說父親是大學的院長，卻沒有什麼財富，而且當巴塞爾市長的外祖父也破產時，更不可能獲得什麼遺產。鮑爾從父親那裡得到的，只有取得博士學位的大學教育而已。若要再取得教授資格就得花費大筆的金錢，使得他不得不放棄。

即便有著同樣的境遇，應該也有人能夠排除萬難開創自己的道路吧？可是鮑爾卻缺乏那樣的魄力。鮑爾是缺乏存在感的逃避型，他並不是能夠貫徹自我意志的類型。他內向、謙虛的性格，與其說是美德不如說是個人的缺點。他懷著理想主義，討厭世俗之物，雖然如此，卻連帶給家人幸福的能力都缺乏。不論人生或婚姻生活都幻滅，也沒有可交心之人，那個帶著黴臭味的書本世界是他唯一的避難所。他總是心情不好，被負面思考束縛感到焦慮；妻子、孩子也讓他覺得鬱悶，從來不曾對他們敞開心房。

卡爾的母親雖然比父親開朗且愛說話，但也有一個重大的問題。她會因為情緒不穩而變得判若兩人。榮格雖然會依附母親，但對另一個母親卻感覺到「害怕」。

實際上，在榮格還是孩子的時候，便睡在父親的房間而不是母親的房間裡。據說是因為母親的房間裡總是瀰漫著一股讓他內心感到不安的氣息。雖說如此，榮格還是對母親的描述比較具有善意，對父親則覺得有一種隔閡感。然而不管是父親或母親，榮格對雙親都沒能產生穩定的依附關係。

後來榮格自己也受到人格解離問題的困擾，但那並不只是母親的影響，與父親的不穩定疏離關係也為此投下了陰影。無論哪一方都無法彌補負面的影響，再加上父親與母親反覆爭吵不斷，他實在厭倦了這樣的生活。父親找到了古代語和神學研究作為逃避之所，然而卻使得家人與父親間陷入更加疏遠的惡性循環。

父親對兒子並非毫不關心。雖然父親較為內斂，但還是關心兒子。印象特別深刻的是在榮格十二歲時，拒絕上學的榮格之所以能重新站起來的一段小插曲。

當時是文理中學學生的榮格陷入了困境。在鄉下小學是優等生的榮格，上了巴塞爾的文理中學後卻遇到了許多的障礙。他的身邊盡是一些富裕家庭的孩子，成績也非常優秀。對代數和體育都不太擅長的榮格，常被其他的學生和老師視為劣等生。自尊心受傷的榮格於是發生了異常的變化。他經常失去意識而暈倒，因而有半年以上的時間完全沒有去上學，眼看著他重回學校之日遙遙無期，這時的榮格偶然間得知父親對朋友發出的感嘆。父親說：「就連醫生都束手無策，一想到這孩子將來不知道會變成什麼樣子，就覺得他好可憐。」

在聽到這句話的瞬間，榮格才察覺自己身上發生的事情有多重大，同時領悟到不能再這樣逃避下去。榮格於是決定克服自己的病，而實際上從那天起，榮格的病便不再發作了。

如果父親用憤怒或責難的口吻說這些話，結果會是如何呢？就因為父親的話，表現出打從心底擔心這個孩子的心情，才能夠那麼直接地進入榮格的內心吧？

於是榮格終於復活，逐漸洗清了劣等生的汙名。

然而，之後父親憂鬱的狀況仍持續，就在此時也受胃病之苦。其實，他的父親並不單純是胃病，而是胃癌。

父親在榮格上了醫學系之後不久病故，而母親就連父親的病房都不想靠近，因此照顧父親到最後的重擔便落在兒子榮格身上。父親的死，讓榮格面臨更嚴苛的難題，那就是經濟問題。父親的死意味著收入也跟著斷絕，而且榮格是住在牧師館中，因此在父親死後就連住的地方都沒有，繼續學醫變成不可能。於是榮格開始思考，除了休學去工作之外別無他法。這也意味著兒子要一嚐父親曾經有過的經歷。

如果和父親一樣過著逃避的人生，榮格也許只能對自己的夢想斷念、鬱鬱寡歡地度過餘生。但是榮格並不願像父親一樣失敗。他決定向親戚借錢籌措學費和生活費，等當上了醫生之後再償還。

榮格與母親於是搬到一間破爛的茅草房。榮格對這樣的境遇不再像以前那樣自慚形穢，而是對前途抱持希望。他也對這樣的大學生活樂在其中。

榮格在父親的藏書中長大，從這一點看來他雖然繼承了父親許多東西，但在生存方式上，卻深深下定決心不要過父親那樣的人生。父親挫折的人生在某種意義上成了反面教材指引著孩子。

❖作為預備性「安全基地」的父親

依附不是單單的心理狀態或感傷。它不只是心理社會性的羈絆，也是一種支持的生物性牽絆。

瑪莉・愛因斯華（Mary Ainsworth）用「安全基地」這個詞清楚地表達出依附關係達到的功能。所謂安全基地，是指在有困難的時候隨時都可以求助的、令人安心的心靈支柱。與母親有穩定的依附關係就可以作為一個安全基地，並且發揮它的功能，孩子可以盡情地進行探索。依附關係穩定的孩子，被認為不易對母親產生分離的焦慮，不只是在社會性或行為發展良好，也有智力較高的傾向。

父親應該可以說是外面的安全基地，進一步地支援著孩子的探索行動。當安全基地的母親發生問題，失去安全基地功能時，父親可以取代這個角色，讓孩子感到安心。

與父親，同時與母親的依附關係都穩定，就能順利地達成這樣的功能。實際上，就如同我們下一章要探討的，三歲的時候若與父親的依附關係穩定的話，即便在母子分離或是之後的伊底帕斯階段，也不容易發生困難。

當孩子與父親、母親的依附關係互補的同時，也分擔了因特性關係的不同任務。當然，由於人類有著優秀的補償機能，因此有時候單親也能完美地承擔這兩種角色。更驚人的是，就算在不幸的環境下成長的孩子，孩子也不會把父母一方的不足或不健全當作一回事。只要給他一些的幫助，他就有自立自強的能力。

第二章

瀕死的伊底帕斯

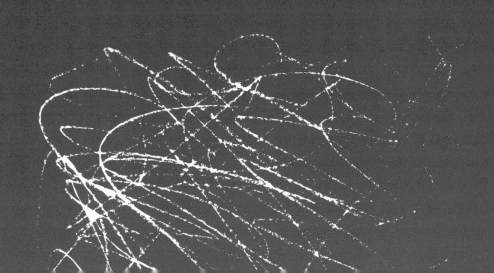

父親這個對手

曾經父親擁有強大的存在感，對孩子來說是最重要的存在。如前所述，當佛洛伊德開始解析精神疾病的心理結構時，關鍵概念就在於那個被壓抑的、對父親的敵對心與恐懼心的伊底帕斯情結。

佛洛伊德清楚地敘述其本質為閹割焦慮。所謂閹割焦慮是指擔心對母親的慾望被父親發現，生殖器會遭到父親閹割的焦慮。不只是直接去勢，還有遭到父親暴力相向、帶著恐懼心的無力感也包含其中。

也就是說，父親是令人恐懼的存在，如果忤逆他就會有慘遭教訓的結果。所謂「地震、打雷、火災、父親」這些令人感到害怕的災難，父親也並列其中。實際上，在古羅馬時代父親在法律上擁有對孩子的生殺與剝奪權。在現代社會，父親只要稍微將手舉起都有可能會被通報為虐待孩童，但是在古羅馬時代，反抗父母的孩子就算是被父母殺了也不用問罪，甚至認為那是父母的職責所在。

在日本，直到現在仍殘存這樣的觀念。父母對於孩子造成社會的困擾，必須負責收拾善後。殺死自己已經長成青年或成年的孩子這樣的家庭悲劇，就是根基於這種觀念。

從孩子的眼光來看，當然會認為這不過是父母親的自私理由，但是當事者的父母是很認真地面對自己對社會的責任，深覺得不能讓這麼丟臉的孩子繼續在社會存活下去。

然而這樣的父親，只有在家庭或共同體中擁有這種絕對的存在感，這也是父親身為一家之主、居一族之上的時代才有可能成立。父親擁有著強大的權威感，也可以稱為暴力的權力，對女人或奢侈品都擁有優先權；但同時也對一族的存續與共同體的維持，負有重大的責任與義務。

父子之間存在著只要做錯事就有可能被殺死的這種緊張感，父親對孩子來說，是危險的存在。若是只有法律上的關係，危險性會更為增加，像在生物學上來說，繼父殺掉前夫的孩子，這種事並不稀奇。為了免除這種潛在的殺意存活下去，就只有服從。忤逆父親時必須要有賭上性命的覺悟，想要反叛又不想被殺死的話，那麼孩子就只有離家出走。

就算不到被殺的地步，終止親子關係、斷絕父子關係的處置方式，是直到戰前仍為法律所承認，並且在社會上並不那麼少見的例子。父親會宣告這個孩子已非自己的孩子，斷絕親子關係；而被斷絕關係的孩子則不只是在心理上，在法律上也會遭到父親的拋棄。有人會對這個烙印與拒絕感到絕望，而越發害怕；但也有人不屑一顧，努力堅強地活出自己的人生。

以《金色夜叉》等作品聞名的日本明治時代文豪尾崎紅葉，就是遭父親斷絕父子關係的一位。他自第一高等學校畢業後進入東京帝國大學就讀，成立了一個名為硯友社的文學社團。他在求學時期就發表作品了，並立志成為小說家。然而父親卻不容許他走這條路，因而遭父親斷絕關係。但紅葉並未因此喪志，他從大學休學，追尋自己的文學路，最終，他成為日本國民作家，在文學上獲得很大的成功。

另外以《沉默》等作品為人所知的作家遠藤周作，也有被父親斷絕關係的經歷。父親是東大法學院畢業的銀行員，個性一板一眼；母親是東京音樂大學畢業的小提琴演奏家，對音樂非常有造詣。遠藤周作十歲時父母離婚，因此與母親從父親的赴任地中國大連搬回神戶。雖然進了當地的灘中學，但如同他稱自己為「落第小子」般，他的成績是倒數第二名。

遠藤周作雖然重考多次，但為了回應父親對他的期待，便告知父親他考上了慶應義塾大學醫學系預科。實際上他根本沒有去考醫學系，他考上的是文學系預科，父親聽到這個消息非常高興，但謊言被拆穿也只是時間上的問題。果然，當父親在得知真相後勃然大怒，遂與遠藤周作斷絕了父子關係。

在缺乏家中經濟資助的情況下，他住在學校宿舍，一面打工當家庭教師，好不容易才能繼續學業。他沒有因此怠惰下來，這個在灘中學時代的落第小子，反而認真研習法語，甚至還被選為留學生。

父親雖然只是想阻止他這麼做，但同時也可以說是給了他試煉，促使遠藤周作奮起振作，實踐自我的夢想，走向成功。

原本依附母親的他，甚至在母親過世後，無論走到哪都還會帶著母親的遺骨。然而對於父親則非常冷淡。回顧遠藤周作的生命歷程，或許可以說就是因為把兒子推開，父親才得以完成他的角色任務。因為父親若想為孩子所愛，就不能討好孩子。對遠藤周作來說，有一個絕對肯定他的母親，父親的行為表現也因而能獲得彌補，反而成為一種正向的作用。

・・

負責將孩子趕出門的角色

所謂父親，本來就是像這種不留情面、令人恐懼的存在。比起禁止對母親的慾望這種性愛意義，是更具教導社會規範的嚴厲導師作用。換言之，就是承擔了把孩子從家裡趕出去，迫使他自立的角色。即使因此變成被憎恨的角色，也不需妥協地向孩子「宣判死刑」。

在過去的年代，孩子們只要想到每天都要看著父親嚴肅的表情，就覺得還不如早點離家的好，所以會急著想要自立。當然，就算自己不開口提說要出去，到了十二歲，父母親也會擅自幫孩子決定好工作地方，然後把孩子趕出家門，好減少家裡伙食的開銷，這已經是通例了。

父親不是什麼親切的對象，而是一個不需要商量就可以決定孩子將來的絕對暴君。雖說如此，父親也並非永遠都是令人害怕的存在。在孩子小時候，父親也曾經溫柔地疼愛孩子。但隨著孩子的成長，父親與孩子保持距離，從親密關係變成具威嚇感的人。

在父親面前無法放得開，總覺得不自在，並不是什麼異常的事情，在過去的親子關係中是很普通的存在。

父親藉由對孩子保持距離，成為一個威嚴的存在，目的就是要說些嚴厲的話語或難以啟口的事。因為如果關係過於親密、缺乏分際，就無法給予逆耳忠言，或下達嚴格指令。如此一來，便無法達成父親本來的角色任務。過去的父親普遍都有這樣的認知，即便得要強自壓下想跟孩子親近、想被孩子所愛的心情，也要成為一個嚴格、有威嚴的父親。

現在還殘留著這種父親的權威式的，就屬體育的世界了。雖然激勵型教練增加了，但舊式訓練法絕少讚美多貶抑選手的魔鬼指導還是根深蒂固地存在。具有威嚴，同時受到尊崇的棒球教練野村克也和星野仙一，都是屬於這類型的代表。

難以親近的父親雖然會跟孩子保持距離，但我們認為這個距離對孩子的自立心或主體性的培育有幫助。不採取跟在身邊一一指導的方式，能貶則貶、推開孩子的做法絕對一點都不親切。

然而孩子會將那份被指責的懊惱與不甘心當作跳板，進而自己去思考、找出方法。對細微末節不予以指導，讓孩子自己從錯誤施行中學習。要幫助孩子當然簡單，但絕對不要這麼做，應該要讓孩子自己去想辦法解決。

然而，在孩子的自立過程中，父親的嚴格與距離感是有幫助的。雖然不可能不停地在孩子身邊耳提面命，但沉默寡言的形象以及父親的風格與身影，對孩子仍有很大的影響力。不要一一指導，對孩子來說也是給予他能自我發揮的機會。

從這樣的觀點來看，現代變溫柔的父親反而容易衍生一些不利於孩子成長的狀況。太過溫柔的父親在促進孩子自立的這一點上，可能就無法順利發揮功能了。坦白說，就是父親會無法把孩子趕出家門。

所謂的自立，並非是一一指導下的成果，而是靠自我摸索下的成長。

‧‧服從兒子的父親

祐樹（假名）一家在鄰居眼中感情很好。上班族父親與公務員母親，除了祐樹之外還有一個妹妹，每次放假就會開車到山上或海邊享受戶外生活，暑假也一定會一家四口去旅行。因母親是專業人士，工作非常忙碌，所以父親也得負起照顧孩子的責任。母親的收入不輸父親，相對地在家擁有強勢的發言權。母親對祐樹的種種多所干涉，也有很多意見，也因為祐樹的成績優秀，因此對他抱有很大的期待。

父親性格內斂、忍耐力強，母親做不完的雜務與家事他都默默地收拾。同時是一個從不對孩子發脾氣，也不打孩子的溫柔父親。但這樣的父親在祐樹眼中卻是「像給一家人打雜的傭人、開車接送家人的司機」，有些瞧不起父親。這被認為是反映了母親眼中對父親的評價。重要的事情由母親決定，父親則只是個執行者。

事情發生在祐樹考明星學校那一年秋天。突然祐樹開始不去上學。母親想都沒想到，無法理解地逼問祐樹要他去上學。結果卻適得其反。被逼到無路可退的祐樹，開始對母親暴力相向，母親變得害怕祐樹，於是把祐樹的問題丟給父親處理。

然而一直被祐樹看得比母親還不如的父親，現在就算站出來說話，恐怕祐樹也只是對他嗤之以鼻，更不用說是聽從父親的指導了。而父親的處理方式也很糟糕，不僅想盡辦法不去激怒祐樹、還去討好他。對祐樹的要求照單接受，不做任何拒絕。

金錢的要求還算好一點，為了彌補白天窩在家裡無法出門的缺憾，他要求父親在深夜載著他到處去。剛開始時只是去影音出租店，但很快地到後來就要他開幾小時的車陪他兜風。白天要工作的父親因此睡眠不足，在工作上也出了問題，但他一點都不在意。疲憊不堪的父親若是拒絕他，他就對父親拳打腳踢，受不了的母親通報警察，後來祐樹便遭到保護管束。

・・

不能只是疼愛

一個奉獻自己的父親並不一定就能培養出優秀的孩子。過於包容的教養方式，沒有對孩子踩煞車，孩子就會帶著誇張的自大感長大。最晚要在四、五歲的所謂伊底帕斯期之前，讓孩子體會到父親嚴格的一面，否則之後就很難阻擋孩子的偏差行為。特別是到了青春期後，那就為時已晚了。

晚生小孩或是養子關係，會對孩子較客氣，態度會變得消極，反而變成溺愛。

同時，容易產生這種狀況的，是母親在家裡強勢的案例。母親具權勢的家庭，父親會變得不受尊敬，在家中地位較低。對父親引發不了認同或尊敬的態度，使得父親的抑制機制變得更貧弱、更加地不可靠。

之所以會造成這種狀況，大多是來自母親對父親的態度。孩子會從母親的話語和態度，感受父親是不是個值得尊敬的人。對孩子來說，如果父親是無能的、讓人瞧不起的，會對父親感到失望，使孩子的心靈發展變得扭曲。

然而即使父親有什麼不足或令人討厭的地方，只要孩子能思考父親還是有了不起的地方，也有很溫柔的一面，那麼對父親的擁護還是有必要。相反的，若過度誇大、不符合事實，讓孩子覺得父親很遜、很失格的話，那對孩子造成的罪過比對父親本身還大，而且還會使得母親自己日後更難處理孩子的問題。

・父親的煞車功能

父親的一個重要角色，就是作為制止孩子行為的禁制功能，並能逐漸幫助孩子將這個功能內化成為自我控制力。

父親要踩煞車，要讓孩子能遵守規矩，對孩子將來能順利出社會扮演重要的角色。許多研究都已經證實了這一點。

父親較早認可孩子有權可以做他們想做的事情，與認為不須太早認可的父親，兩者相較之下，後者的孩子在學業成績表現較優秀，也被認為有較努力的傾向。此外，不良行為、犯罪、陷溺性放縱等的風險也較小。另一方面，這和母親怎麼想，並沒有太大的關係。

這個研究顯示，父親不是允許孩子們想做什麼就做什麼，而是應給予孩子行為一定限制，對孩子的成長會有較好的影響。作為這樣的煞車功能，我們認為父親達成了一定的任務。父親缺席，或者即使沒有缺席但是沒有發揮抑制功能的情況下，孩子的行動會失去控制，被認為是陷入放縱、無法依正軌生活或學習上無法取得成果的原因之一。只會寵愛孩子的父親其實是很糟糕的。

另一方面，在其他的研究中發現，孩子對父親有親近感，感覺自己被父親所接納的孩子，自我肯定感較高，身體上的不適較少。父親不只具抑制功能，接納孩子對孩子的穩定度來說也是必要的。規範與接納之間的平衡，在父親與孩子的互動上，可以說非常重要。

・・通過禮儀與父親

每個社會都有小孩成長為大人的通過禮儀。特別是對男孩，通過禮儀更為殘酷、嚴格。為了讓一個男孩變成男人，有他必須跨越的試煉。

無論是西歐社會或是日本傳統社會、巴布亞紐幾內亞那樣未開化的社會，賦予男子的通過禮儀，大致上都具備共同的要素。

首先第一個要素就是將他們與女子和孩童的生活集團中切割出來，隔離到只有男性的集團中。第二個要素就是賦予他們肉體的痛苦與心理的考驗。有的是由前輩對他們進行身體上、精神上的欺凌，也有的則是像強迫高空彈跳這種試膽量的測試。能夠忍受這樣的考驗，他們才會迎接成為夥伴。更進一步，第三個要素是在一定期間內需與雙親和家人分開，生活在與夥伴或前輩們的緊密關係中，體驗比家人更強大的連結關係。與母親的關係在這個時候可以說完全畢業。

經過這樣的過程，重生而成為一個完全成熟的男性，才算出社會。為了能平安通過這個嚴格的通過禮儀，父親的角色很重要。在受父親保護的同時，也必須先嚐到被否定、被修理的經驗。如果在不知道父親的嚴厲，還在母子融合中就想通過這個難關，將導致遍體麟傷，會因而感到恐懼，想要盡快地從中逃出。

在西歐社會，這樣的角色由寄宿學校擔任，而在日本江戶時代也有青年組的組織存在。

赫曼·赫塞的自傳體小說《車輪下》，描述一個原本是神童的少年被送入寄宿學校後行為脫軌，最後自殺結束自己的生命。赫塞自己本身就曾經有過因不適應神學院生活而自殺未遂，被送進治療所的經驗。因為無法跨過通過禮儀，在這個徬徨的時期成為赫塞文學的出發點。

赫塞的情況是，他在雙親都是傳教士的環境下長大，不只和嚴格且義務感強的母親關係不佳，也因為父親性格不懂融通、很笨拙，加上不夠社會化、不懂生活的關係。赫塞無法從與母親這極為脆弱的融合關係與不穩定的依附關係中脫離，突然被丟進寄宿生活中而遭受挫折。當這種挫折又成為否定的烙印時，使得他與雙親一直相處不融洽。

赫塞在進入社會最初的關卡上挫敗，並非是他一個人的問題。與母親依附關係的不穩定，非但未能發揮「安全基地」的功能，就連父親也未能成功地引導他進入社會，也是造成他挫敗的原因。

進入近代國家之後，這個角色有軍隊來承擔，所以當兵也有男子通過禮儀的一面。當兵役檢查不合格時會被視為是非常不名譽的事情，因為這意味著你沒有通過通過禮儀。實際上也有如果兵役檢查不合格就無法有像樣的婚事，這種民間說法。

作家當中有不少人都是在社會的通過禮儀中挫敗，因此他們選擇了當一個社會邊緣人。而這也是無可奈何的事情。三島由紀夫就是其中一位。在他身上也被認為有母子融合與父親功能不全的狀況。也就是說，由於在伊底帕斯前階段就已經產生問題了，因而無法跨過伊底帕斯情結，仍停留在之前的階段。

三島由紀夫與父親平岡梓

以《金閣寺》等作品知名的作家三島由紀夫，本名平岡公威，他的父親平岡梓，是農商省（今農林水產省）的官員。父親平岡梓就如兒子後來追隨他的道路一樣，從舊制一高（第一高等學校）進入東京帝大法學院。祖父平岡定太郎是首相原敬的心腹，曾從福島縣知事做到樺太廳長官（庫頁島的地方行政長官），但因醜聞事件而下台，最後雖然判決無罪，可是為了彌補帳面虧空而背上大筆負債，連房子都沒了。

仕途夢碎的定太郎將自己的夢想託付給兒子。但兒子平岡梓卻完全沒有從農民變成大臣的父親那種精力與器度。即使看到父親的風光與落寞，他內心裡也沒有想要復仇雪恥的霸氣。重考了兩次後才終於進入一高。

再加上父親與母親對此的爭執，以及不穩定的母親，都對他產生了影響。母親夏子與農民出身的父親定太郎恰成對比，是士族出身，喜歡排場、愛慕虛榮。從定太郎攀上成功的階梯開始，夫妻之間就起了激烈的爭執。而梓是兩人唯一的孩子。在不斷歇斯底里的母親和被母親痛罵的父親之間，被養育成一個總是看人臉色、沒有自己意見的人。再加上父親定太郎因工作關係時常調動，偶爾才會回到東京住所，梓便只能聽命於母親夏子的支配。

梓進了農商務省後在工作上無所作為，也欠缺人望。他相親的對象是開成中學校長的女兒，也是三島的母親倭文重。而在什麼都不知道的情況下嫁入平岡家的倭文重其實才是受害者。在這個家裡，不但一切都是婆婆夏子做決定，就連自己的孩子都被婆婆搶走。婆婆夏子溺愛剛出生的孫子公威，藉口「在二樓養孩子很危險」，便把孫子從母親手中奪走，在自己房內養育。倭文重只在每隔三小時的餵奶時間才被允許「面會」。夏子連孫子的玩伴都要干涉，說男孩子很危險，所以只讓他跟年長的女孩玩。後來三島之所以會對男性象徵充滿強烈的執著，就是因為他一直到幼少期都被當女孩子般養育。

面對這樣的狀況，妻子倭文重無論如何抗議，丈夫梓都無法開口對母親說什麼。畢竟對梓來說，他並沒有那麼強悍到能去違抗母親來保護妻子與兒子。

小學四年級的時候搬了家，看來似乎要終止與祖母同住的生活，但是三島每天晚上到早上還是得在祖母家度過。進入學習院中學時，才終於被允許與父母同住。

從小一直都沒有跟母親撒過嬌的三島，即便成年了也都還是黏著母親。寫了作品一定會給母親看，聽母親的意見，這個習慣一直到他成了大作家都不曾改變。對三島來說，母親是最能理解他的人。

相對於父親梓，他經常對三島逐漸為文學傾倒的志向提出反對，一直想辦法阻擾他。

不管是書或原稿，他都會毫不容情地撕破丟棄，希望兒子走自己同樣的路。

他並非完全不為自己兒子著想，只是他是用自己的方式愛著自己唯一的兒子。年輕時的三島，臉色蒼白，身體十分虛弱。兵役檢查不在東京特地回到本籍地兵庫縣志方町去，也是因為在鄉下反而會凸顯孩子的孱弱，意圖使檢查不合格。因鄉下的年輕人能輕鬆地扛起米袋，都是甲種體格，只有三島的米袋一動也不動，旁人都忍不住笑了。然而事與願違，三島以乙種體格合格，只因軍隊嚴重人員不足。

終於三島也收到了召集令，要入伍，於是他向本籍地出發。這時候父親也同行，不巧三島發燒了，又為了檢查必須裸體，使得病情更加惡化。他發出急促的呼吸聲，診察的醫生誤診為肺結核初期的肺浸潤，就這麼千鈞一髮免於入伍。三島與父親雀躍地從連隊的軍營一路快奔回到車站。

這和隨著「一死報國」或是「犧牲小我」這種論調起舞的一般庶民意識有很大的差異，這對親子共同背負了多少有些不名譽的以保命為先的現實利己主義。

也由於一方面無法捨棄文學，又無法完全背負父親要求他走的路，於是三島以東京帝國大學法學院學生身分準備高等文官考試的同時，也積極策畫出版處女作《百花怒放的森林》。三島身上有著父親所缺乏的行動力，也許是遺傳自祖父也說不定。結果三島在尚未能以作家身分安身立命的情況下進入了大藏省。

然而三島無意捨棄將來要成為一名作家的想法。他用意志力寫作到深夜，第二天一早起床又去官廳工作。兒子持續這樣蠟燭兩頭燒的生活，父親開始覺得不安。他害怕原本孱弱的身體會受不了，最後終於同意兒子辭去官廳的工作。但是作為交換的條件是必須成為日本第一的作家。三島在職僅九個月，就離開了大藏省。

後來因為他的勤勉與努力，三島達到了對父親的承諾；同時，父親給他的壓力也成為督促他的力量。

後來三島結束自我的生命時，父親因始終不能理解自己的孩子而感到遺憾。他大概沒有想到自己對孩子的關愛，竟在不知不覺中將通往死亡的單程車票親手遞交給孩子。

社會對像三島這類免於入伍、因害怕通過禮儀而逃跑的人，可能會對他們產生鄙視。即便如此，也可能是因知道日本即將戰敗，就算上戰場也只是去送命，對父子二人來說是利己心戰勝愛國心而已。對自我愛化身的三島價值觀來看也是理所當然吧。

然而豈止是母子，即使祖孫都是在自我愛的黏著中長大的三島，所欠缺的其實是父性的關愛。三島的父親在母親夏子面前抬不起頭，無法把孩子從母親手裡搶回來，因此可以說完全沒有發揮父性的功能。在這樣的溫水中長大的三島，當然會對軍隊那種地方感到害怕。

尤其一個因為兒子可以不用去打仗而表現得比兒子還要高興的父親，本來就不會是兒子尊敬的對象。然而就連在家中存在感如此貧乏的父親，三島都無法完全違逆，順著父親的期望進入了東京帝大法學院、進入了大藏省工作。他對父親可說是完全臣服與順從。

話雖如此，在他心裡雖逃避了這場通過禮儀迎向了戰後，但身為文化人多少也應該背負著罪惡感吧。他成立楯之會，在這個像青年團的愛國團體中陷入了同性戀關係，最後終於衝入自衛隊走向自裁。這或許可以說是他想要重新跨越通過禮儀，抬頭挺胸成為一個大人的欲求在潛意識的作用下所做出的行為吧。

❖ 大衛沙林傑與父親所羅門

與三島由紀夫同一個時期，隔著太平洋在美國迎向青春期、有過戰爭體驗的作家是J・D・大衛・沙林傑（Jerome David Salinger）。沙林傑不像三島學業表現優秀，而是被退學好幾次的劣等生。另一方面，他和三島免於入伍雀躍逃回家的情況也完全相反，他主動加入志願軍，之後從諾曼第登陸開始，經歷許特根森林戰役和突出部戰役等極度嚴酷悲慘的戰爭。光是諾曼第登陸作戰，戰死人數之多使得沙林傑所屬的師團士兵人數就只剩下三分之一；許特根戰役中同一連的士兵，幾乎是五個人當中就有四個人死亡。就算沙林傑戰死也一點都不足為奇。

沙林傑在槍林彈雨的前線炮火中，仍隨身攜帶著原稿，在壕溝和營帳中持續揮筆書寫。在這一點上，就和在兵役檢查時連米袋都扛不起、引起訕笑的三島那種虛弱的形象成對比。

即便有這樣的差異，在父親對兒子不理解的這一點上，卻和三島類似。

沙林傑的父親所羅門經營肉品進口生意，相當成功的猶太商人；而所羅門的父親則是充滿野心與活力，雖然是立陶宛移民，但他從事的是猶太教的聖職，賺了錢之後進入醫學院，在芝加哥開綜合醫院。

和三島一樣，與偉大的祖父相較，父親所羅門就顯得非常渺小。他沒有當上醫生，而是步上經商之路，遇見妻子時，他正在芝加哥經營電影院。

可是所羅門的電影院因經營不善被迫關門，為了東山再起，在紐約找到了新工作。那是一家進口火腿和起司的公司。所羅門在不久之後晉升為紐約分公司社長。每一次搬家都是搬到曼哈頓更高級的住宅區，沙林傑的年少時代正好趕上家族的全盛繁榮期，可以說在經濟與感情上都是得天獨厚的環境下成長。

最後沙林傑一家住的是可以俯瞰中央公園的公寓，走路就可以到大都會美術館。在《麥田捕手》的最後一幕登場的中央公園旋轉木馬，距離他家近在咫尺，對沙林傑來說是非常親切的地方。

在夫妻倆生了女兒朵莉後，每次懷孕就流產，隔了八年才在難產情況下生下兒子傑羅姆（沙林傑的名字），他是期待已久的兒子，夫妻倆稱兒子為「少爺」，非常疼愛他。

特別是母親瑪莉極度寵愛兒子，而一家的掌權者是母親瑪莉。瑪莉有顆非常敏感且容易受傷的心，如果事情不如她意，就會變得歇斯底里，因此所羅門也不敢違逆妻子。瑪莉非常倚賴丈夫，卻也會將不滿和憤怒全都發洩到丈夫身上。

所羅門對這一點了然於胸，言行舉止都會盡量避免引發風波，因此大致上一家也相處和樂。瑪莉獨占兒子，兒子也對母親有特別的情感依附。瑪莉堅信自己的兒子會成為偉大人物，而這樣的信念不久也移轉到自己兒子身上。

由母親與兒子的深切連結來看，父親所羅門完全是配角。再長大一些，兒子對文學開始覺醒，就和三島的父親一樣，所羅門完全無法理解兒子對於文學的熱情，還嘲笑他文學要怎麼當飯吃。

為了讓兒子接受更好的教育，他將兒子從公立學校轉到私立的寄宿學校，並讓他參加軍隊式的夏令營。但與父親的願望相反，兒子關心的不是課業而是戲劇與文學。注意力散漫的兒子，最後終於因為成績不良被學校退了學。轉到程度更佳的學校卻造成了反效果，而這也是他反覆脫軌的開始。

對於想當演員所以想學戲劇的兒子所提出的希望，所羅門只當作一句戲言，一口就加以否決。他認為事情會變成這樣，一切都是妻子寵出來的結果。因此所羅門認為有必要將兒子與母親分開，讓他在嚴格的規律下重新接受鍛鍊。這次，就連妻子瑪莉也無法違逆丈夫的意思，

就這樣，十六歲的沙林傑被送進了培養士官的軍事學校。與其說它是軍隊式管理，不如說其實就是名符其實的軍事訓練學校，學生被當作是所屬連隊的學生士官來訓練。當然它也是完全寄宿制，因此沙林傑無法向母親求助。

環境的劇變，對沙林傑來說是更是一大考驗，對他不利的是，他來自紐約，自尊心特別強，又體弱無力；其他的少年對他表現出不歡迎的姿態。沒有人理會他，被孤立的沙林傑處於一個只能改變自己別無他法的環境中。若不如此，他可能就要像赫塞那樣患上精神

疾病了吧。幸好沙林傑很快地順應環境，他拋開自尊，漸漸融入同儕中，結交了夥伴與好友。

出乎意料的是，在這個規矩十分嚴格的環境裡改善了沙林傑的行為。成績究飛猛進，對校內的活動與運動也都積極參與。在這所軍校學習的兩年間，對沙林傑來說是唯一成功的學校教育，也是他唯一念畢業的學校。

只是，父親讓他遠離戲劇與文學的企圖，卻大大地失算了。沙林傑在戲劇社團中非常活躍，還擔任學校的年鑑編輯委員，也一直都在寫作。甚至可以說，作家沙林傑就是在這個學校誕生的。他的代表作《麥田捕手》，描寫的就是從軍校生活與學校中逃跑的故事。倘若沒有這所軍校的經歷，相信就不會有這部作品的誕生。父親的不理解以及制止的意圖，可以說反而造就了他。

從軍校畢業後，沙林傑進入紐約大學華盛頓廣場校區就讀，學習文學。想當然那裡應該是非常適合他的環境，但諷刺的是卻沒有達成它的功能。沙林傑回復到自甘墮落的生活，也不去上課，眼看著在拿不到該取得的學分下，半年就休學了，

兒子在學業上的挫敗對父親所羅門來說，卻正是介入的好機會。父親一副早已洞見的姿態，企圖將兒子拉進實業家的世界來。然而即便父親意圖如此，他也不是一個只會幫忙

父親工作的順從兒子。

所羅門於是想到一個計策，提出可能會吸引兒子的方案。他詢問兒子要不要到歐洲去看一看。在維也納有一個重要客戶，可以在那邊一面工作一面學習語言，還可以拓展見聞。感到自己似乎無路可走的沙林傑，於是接受了父親的提議去了維也納。在猶太人城定居下來的沙林傑，與寄宿家庭的女兒相戀了。就在這個時候，納粹侵略奧地利，第二次世界大戰正要開始。這猶太一家人與他們的女兒，卻不幸地遭到大屠殺。沙林傑久久都無法割捨這段悲傷的戀情。

沙林傑輾轉來到其他顧客所在的波蘭，幫忙肉品加工的工作，但工作內容說穿了就是殺豬。他留在波蘭的期間，因第二次世界大戰爆發便急急忙忙地回到美國。

回國後，他以職業作家為目標，同時在尤西紐斯大學（Ursinus Collage）和哥倫比亞大學（Columbia University）學習文學及創作。母親雖然贊成，但父親卻持反對的態度。然而沙林傑並不介意，開始朝著自己所選擇的路前進。相對於父親的反對，一位對沙林傑來說如父親般存在的人物——哥倫比亞大學教授、短篇小說創作者同時也是編輯的惠特·伯內特（Whit Burnett），肯定了沙林傑的才華，鼓勵他繼續創作。

父親是反對的、是否定自己孩子的人，因此才擁有教導孩子社會嚴苛與現實嚴峻的任務；如果父親想被孩子所愛，就對自己該說的話有所顧慮的話，那造成的又是另一個問題。

就如同沙林傑的例子所顯示的，在所有的層面都可以按照自己意思的環境裡，也未必能好好地培育孩子。有時候必須加以規範和規律，才會有所成果。因為環境較為匱乏時，人的欲望需求會比較多。

父親給予了限制和考驗，導致生活的不足與不自由或困難的產生，卻能促使孩子磨練成可以在社會上存活的人，有促成自立的作用。

沙林傑的父親雖不如母親般為孩子所愛，毋寧說是被敬而遠之，但結果卻為孩子在成為社會上認可的作家這一點上，以反動的方式做出了貢獻。

・・父親與女兒情況又有些不同

以伊底帕斯情結來談父親與孩子的敵對關係，雖然被認為是無論男孩或女孩都會有的情況；但在表現方式上，兒子和女兒還是有所不同，在與兒子之間會表現得更為強烈。

雖然說這完全是就整體上而論，但一般認為父親有對女兒較寵愛、對兒子較嚴格的傾向。特別是對第一個女兒，父親似乎大多都有非常強的依附情感；相反的母親則會對第一個兒子特別對待。

榮格以想要獨占父親、對母親抱持敵對意識的女兒，為向背叛母親的父親復仇的厄勒克特拉公主傳說為例，稱其為「厄勒克特拉情結」（Electra Complex，又稱戀父情結）。在對父親比母親的依附情感更強烈、與父親同化的案例中，這樣的動力更容易強化。相反的，這樣的女性與母親的依附關係是不穩定的，大多數是沒有從母親身上獲得充分的愛。

如果父親這個角色，是負責將孩子趕出家門、讓孩子能夠自立的話，那麼排除了母親後的緊密的父女關係，也會跳脫原本的角色。依賴女兒的父親、要求女兒扮演妻子角色的父親、不願對女兒放手的父親，他們在這一點上，都有脫離本來角色的危險。無論是偉大的父親、粗暴自私的父親、要女兒照顧的父親也好，試圖把女兒留在自己身邊、在阻擾女兒的自立這一點上，其實是犯了同樣的罪。

其中最惡劣的情況就是性虐待。當父親要求女兒扮演妻子的角色，再加上女兒無人可依賴、只能倚賴這樣的父親時，使得許多人很難對外吐露家中這樣不堪的關係。有時候，女兒會替代母親找回父親，但卻被一些不成熟、不肖的父親利用女兒這樣的願望，讓女兒成了犧牲品。女兒在長久帶著傷痛的同時，仍然得倚賴這樣的關係，於是很容易一再地過度犧牲、奉獻自己。

‧‧成為母親替身的少女

麻美（假名）的父親是畫家。母親以前是父親的學生，兩人結合後生下了麻美。然而，幸福的日子並不長久，從母親還懷著麻美時，父親就招惹其他的女性。對於女學生或女祕書來者不拒；而當受慾望驅使時，父親並不是可以控制得了它的人。

厭惡父親出軌成性的母親留下四歲的麻美離家出走。缺乏謀生能力的母親沒有帶走麻美，選擇將她留在父親身邊。當時景氣很好，父親的畫都是高價出售。父親找來了一間有畫室的大房子，將麻美委託給新來的女人照顧。雖然如此，但每過一、兩年，又會換新的女人。

小學二年級的時候麻美夜裡起來上廁所，聽到女人發出呻吟，探頭看了看房間，女人以非常不堪的姿態被父親壓住。早熟的麻美知道，那就是性愛。

在那之後，麻美就表示想到兩人的房間睡。當時父親沒有察覺麻美想要同睡的意圖，如果明白一定非常驚訝吧！因為麻美想一窺他們性愛的樣子。然而，在麻美心中也混雜了父親只對那個女人好的嫉妒情感在。

如願的話，麻美就能留在兩人的房間一起睡覺。父親和女人幾乎每晚做愛，她一面聽著兩人的喘息聲，一面用眼角餘光偷看兩人的動作。麻美覺得興奮的同時，也希望自己能快點長大，也想要做這種事。

然而隨著泡沫經濟崩潰、景氣變差之後，也為父親在畫壇的地位投下陰影。父親開始酗酒，經常與女人吵架。也許是床頭金盡情緣也盡。某天，女人丟下走下坡的父親，跟其他的男學生一起私奔了。父親非常狼狽，但已經小學五年級的麻美卻感到高興。她覺得那些女人們並不愛父親，所以有種自己把父親找回來的感覺。

麻美站在廚房做家事，連父親的威士忌她都會調。她也會安慰哭泣的父親。喝醉酒的父親想要麻美時，她也沒有抵抗。她因為太痛而流下了淚，即便如此麻美還是很開心。她認為安慰父親、讓父親高興，是她的責任。

然而當父親有了新的愛人後，對麻美又恢復了父親的身分，麻美覺得自己被拋棄了，感覺很受傷。當時還是中學生的麻美於是離家出走。碰到只要是溫柔對她的男人，無論是誰她都可以跟他走。這樣的生活持續了約一年，麻美受到保護管束，被送入了教養院。

麻美之所以被送進去，是因為她曾遭受父親的性虐待這件事受到重視，為了保護她遠離父親。麻美被告知自己是性虐待下的犧牲者，教養機構的輔導員說父親對自己做了非常過分的事。然而麻美卻對這些說父親壞話的輔導員產生反感，最後她閉口不談，關鍵的事情她什麼也不肯說，因為她覺得反正說了他們也不懂。

之後麻美由母親領走，回到了社會。之後麻美便與父親保持距離，與母親的關係也較從前親近。但是麻美真正想要的還是父親而非母親。雖然她覺得自己好像真的只是像機構輔導員們所說的，是受到父親的控制，但是那卻不是單純可以用控制這個詞來表現的情感。

之後麻美的人生，總是為男人付出，然後再不斷地遭到背叛。雖然不能說這樣的人生很失敗，但麻美卻除了這樣的方式之外並不知道該用什麼方式活下去。

麻美對父親很溫柔。當父親罹患癌症時，所有的女人都拋棄了父親，照顧他到最後的還是麻美。

許多受到父親性虐待的女兒，儘管受到許多非人道的對待，卻無法去憎恨她們的父親。她們無法完全捨棄、否定那個對父親獻出身體的自己。從第三者的眼光來看，只是殘酷的虐待，但成為犧牲品的女兒自己，卻不是這麼認為。

與其說是因為父親的報復很可怕，不如說是關心父親，擔心自己若不在父親身邊不知道會不會有問題。第三者看來會認為她們只是被父親控制了心靈，為此感到擔憂，希望她們快點清醒。但對女兒來說，這卻不是她們感受到的事實。為什麼呢？

那是因為女兒意識到自己是替代母親擔任了父親妻子的角色。藉此覺得自己達成了一大任務的感覺。不去理解這個部分，就算一直說只是被騙了、只是被利用了、你受到很過分的對待，如此逼迫她去「反省」，也無法打從心底接受。

在這之前，必須先去接受、體會她內心的寂寞、沒有被母親所愛的狀況，由替代母親以獲得父親的愛，藉此來獲得救贖的殘酷。這麼一來才是真正能夠客觀地回頭去看這個異常的狀況。

．．新伊底帕斯狀況與被拋棄的抑鬱

前文談到進入無伊底帕斯時代，而在另一方面，現代卻有不同於原來形態，那便是母親的再婚與男友出現時會發生的情景。

本來伊底帕斯的狀況是跟一起生活的父親，以母親為中心所形成的敵對關係；但是在再婚或戀人出現的情況下，有一個更唐突的入侵者介入孩子與母親之間。應該擁有優先權的孩子，被後來才到的「狡猾大人」推開，失去了過去獨占的位置。這對孩子來說應該是非常沒有道理的狀況吧。

這樣的狀況在動物的世界裡也頻繁地發生。父親與母親的關係，是隨著發情期轉移的關係，當來到下一個發情期，發情的雄性就會接近雌性。雄性只關心母親，孩子對他來說不過是阻礙物。實際上牠們會威嚇、施加暴力，並殺死孩子。從孩子的角度看，這完全是入侵者、是母親的掠奪者。為了搶回母親，有些孩子會站起來面對，但實在絕非對手。發情的雄性動物非常危險，奮力一擊可能會被傷害，或被殺死，最後只好放棄。孩子只能遠遠看著母親與雄性交配，或者是離開母親的身邊去追求新生活。

當然，這是偽裝過後的形式，在深層的心理層面與此類似的狀況，會在有新父親的孩子們心中產生。若是過去一同生活、帶著依附或尊敬情感的父親，就會被認為母親是父親的而放棄；跨越這層內心糾葛，心情也將獲得紓解。但對後來的闖入者而言，若必須讓出自己的位置，那種內心糾纏與反彈就會變得更強烈。

這與無法克服伊底帕斯狀況有關。對母子樂園時期執著，而對第三者存在的不信任感會持續糾纏著。我們不時會看到這樣的個案，它是一種害怕被拋棄的不安以及過度的獨占欲。

京香（假名）的母親在京香兩歲時離婚，帶她一起離開。她對親生父親幾乎沒有什麼印象。外祖母雖嘮叨，但母親很溫柔。小學四年級的時候，母親再婚了雖然被要求喊母親的再婚對象為爸爸，但她頑固地拒絕。她討厭待在那個家，所以夜遊或外宿的情形增加了，也曾經做過援交。高中退學後從事色情行業，之後，懷孕生下了女兒。她要求男人負責，但結婚不久後很快地就跟男人分手。在那之後也跟好幾個男人交往過，一開始都是非常恩愛，但很快地就會產生摩擦。只要對方看一下別的女人，她就會吃醋。用突然甩對方巴掌，或是一句話也不說的方式表達不滿。對於對方的不理解自己，會大發脾氣，還會加以反擊地說「反正你就是要拋棄我」，然後斥責對方。於是事情發展就誠如自己所言，每個男人都對她沒有感情，然後就此消失無蹤。

這個個案的情形是母親被繼父奪走的經驗，使得她對所愛的人想要要求完全關係的那種渴求過強，過度的嫉妒心或被拋棄的不安也強烈。其背景都是因為父親的缺席，使她無法從與母親的關係中畢業，母子融合一直持續著。

有時也會發生母親以男友為主將女兒視為敵人的情形。這麼一來，母親就不再是母親，只是一個女人。有過這樣經驗的人，不只對任何人都無法有穩定的信賴關係，對於自己身為女性的存在，也無法給予肯定。那將會使得愛情生活的經營變得更加困難。

隨著戰後社會結構的變化，父權在弱化中，伊底帕斯情結已經失去了過往那樣重要的意義，就連從事精神分析的專家都這麼認為，當然也有專家認為那已經不是人格的核心組成。然而，仍然有許多專家認為，孩子要成功地母子分離、融入社會，父親的角色還是很重要的。成功跨越與父親的伊底帕斯糾葛，對於非獨占的兩者關係，而是擁有平衡健全的三方關係是非常重要的一步。為此，在與父親的糾葛增強之前，從幼年早期的階段開始，與父親結合成為良好穩定的關係，被認為是很有幫助的。以這樣的關係為基礎，父親就能夠成為所謂通往社會的促進者角色，將孩子從母親身邊導向外界。

第三章

自我理想的父親

從對手變成目標

四歲的時候，進入伊底帕斯階段的孩子，會在與父親和母親的關注與愛中進入敵對關係。就是以母親的戀人地位與父親競爭。

在開始意識到敵對關係後的下一個階段，就進入對父親產生恐懼的階段。這個時候對孩子來說父親是萬能的，是非常難以匹敵的存在，因此，孩子會領悟到自己不得不放棄獨占母親的願望。這個階段，被認為是讓孩子從幼稚的願望畢業，邁向下一個階段不可欠缺的一步。

下一個抵達的新階段，是認同父親這個理想形象，想要像父親那樣的階段。這麼做，可以克服對父親的恐懼與敵意，更可作為一個積極的目標而去接納父親。

根據近年的研究，這種對父親的認同，是在比伊底帕斯情節增強的四歲時期還要更早期的階段就已經開始了。在這個階段，接受父親是一個良好的存在，若能形成肯定的依附型態，母子分離的過程就能夠順利進行。

然而，當這個過渡角色的父親缺席，或者就算有也無法形成親密依附時，理想化、認同化的過程不順利，就會變得無法離開母親，無法達成自立。留在黏著母親的狀態下，下一個伊底帕斯階段就會變得更加嚴酷。對父親的恐懼會增強，甚至會對所有其他人或外界抱持強烈的恐懼。

精神分析所關注的往往容易偏向伊底帕斯情結，但是還有比克服父親的情感糾葛更重要的，那就是孩子也透過父親學習在社會上生存的技能。

這個時候，在孩子學習適應社會上重要手段之一就是認同。孩子將理想化的對象與自己做認同，模仿他的舉手投足，就連說話方式與情感表現方式都會拷貝下來，吸收成為自己的東西。

實際上，這個年齡層的孩子，都會想要模仿父親。

父親洗車，他也想洗車；父親鋸東西，他也想拿鋸子鋸，這就是對父親的一種認同，是好的徵兆。這時候要充分接受孩子想和父親做同樣事情的欲求，並滿足他這個欲求，就可以讓孩子想要向外發展的欲望變成現實的力量，可以離開與母親同在的樂園，走入社會這個現實的組織當中。

只是，這個認同過程完全就是一個複製的過程，和優點、缺點一點都沒有關係。認同一旦發生，不只會把好的東西變成自己的，也會接收到不好的東西，並顯示出類似的特性。認同的影響所及，會超越那孩子原本所擁有的。

‧‧海明威與父親艾德

作家厄尼斯特‧海明威的父親克拉倫斯‧艾德蒙斯，是一個婦產科醫生。艾德的父親在不動產業發展成功，居住在芝加哥郊區的高級住宅。同一個高級住宅街區的另外一邊，住的是一家餐桌用刀叉事業成功的霍爾一家，他們的長女就是後來成為艾德妻子的葛麗絲。

葛麗絲擁有美妙的歌聲，是相當有魅力的一位千金大小姐，成長過程備受寵愛，因此養成任性的性格。外表亮麗的她，喜歡花俏的事物，高傲的葛麗絲和樸實又神經質、個性認真的艾德完全相反。

但是，艾德他堅持自我想法，數度求婚，終於娶到了葛麗絲。結婚的條件是，婚後一概不能要求她做家事，艾德也遵守約定，對這個公主般的女性盡力侍奉。

兩人的生活必然地以妻子葛麗絲為主導。艾德徹徹底底地只當一個配角，讓曾經以歌劇歌手身分在麥迪遜花園廣場舞台上出道的妻子隨心所欲。對花花世界充滿憧憬的葛麗絲來說，家事和育兒都是非常無聊的事情。她對家務毫不關心，也欠缺廚藝，艾德做菜還比她拿手。然而艾德沒有抱怨，一面從事醫師工作，一面做家事帶小孩。每天早上做早餐、餵孩子吃飯、把早餐端到還在睡覺的妻子床前，這些都是艾德每天的例行工作。

妻子連換尿布都討厭，更不願意做；但是若對妻子說出不滿，也只會得到激烈的反彈。不喜歡爭吵的艾德，於是便選擇了默默忍受。

勤勉、有責任感又自我要求嚴格的艾德，不只是個有醫術的醫師，在旁人眼中也頗具人望，後來還擔任醫師協會會長。只有在妻子面前抬不起頭來。

葛麗絲的父親過世後，她繼承了一筆龐大遺產，便蓋了一棟有音樂室的豪宅。艾德分到了一間屬於自己的房間，但是他的收藏品卻不被允許搬到新居去。艾德對印第安蘇族很感興趣，蒐集了一些斧頭、箭之類的收藏品，然而在搬家那一天，葛麗絲卻把丈夫重要的收藏給燒了。即便如此，艾德仍然沒有抗議，依然選擇默默忍受。

葛麗絲強烈希望能有個女兒，當生下的全都是兒子時她感到非常失望。然而她並不死心，她在兒子五歲前都把他打扮成女孩子來養育。精壯男性形象的作家海明威，對於母親這種養育方式很難諒解，抱恨終身。

父親艾德與妻子成對比，比起社交界的繁華，他更關心自然與歷史的遺產，熱衷釣魚和打獵。艾德經常帶著長子厄尼斯特一起出去釣魚或狩獵，母親雖然討厭父親這種野蠻的興趣，然而後來兒子繼承的也不是母親音樂或繪畫這種優雅的品味，而是父親那所謂殘忍的興趣。

以厄尼斯特來說，父親才是他認同的對象而非母親，這應該可以說在兒童身心發展上是很健全的一件事吧。

然而對艾德來說，他對藝術或文學完全沒有興趣，也從來沒有為了興趣而去讀書。他知道兒子喜歡讀書，要幫傭收拾好書本，以免兒子晚上偷偷讀書。厄尼斯特雖然感到反彈，但是父親還是態度強硬。父親說不，是為了要盡到做父親的責任。厄尼斯特沒有辦法，只好把書藏在祕密處來因應。

再長大一點後，以作家為志向的兒子與母親漸漸形成激烈的對立關係。被一般的價觀束縛的葛麗絲，對兒子沒有賺取足夠滿足他生活的收入，認為兒子只是在過著自甘墮落的生活而已。對此，父親艾德採取保持距離的態度，並不像母親那樣拒絕兒子的感情，只是默默地支持著妻子。

雖然能理解這樣的行為表現是因他對妻子的百依百順，但從另一個角度來看，也可說是因為他承受了妻子的不滿，使兒子得以從母親的支配下獲得解放。

兒子因此少了後顧之憂，得以一面從事著特派員工作，一面累積作家的修業。當時支持他的是他第一任妻子海德莉。海德莉比海明威大八歲，很明顯的，海明威是在追求一個母親的替代品。然而兩人的關係因海明威的外遇而告終。

海明威的成名作《妾似朝陽又照君》（*The Sun Also Rises*），是他第一部成功作品，當時他二十六歲。那部作品所有的版稅，他都拿來支付海德莉的贍養費。與海德莉離婚後，海明威很快就和他第二任妻子寶琳結婚。因為寶琳當時已經懷有海明威的孩子。為了生活，海明威不得不寫下一部作品。

當與父親商談寶琳的生產，得到父親願意接生的回覆，海明威感到非常開心。功成名就的現在，終於找到可以跟家人和解的機會。

然而，在這之後，父親突然渺無音訊。其實當時父親艾德正陷入窘境，妻子已經把遺產花光，以一個在醫院執勤醫師的薪水，根本無法支付妻子揮霍成性的生活，在入不敷出之下被迫陷入了破產的狀態。他無法對妻子說出實情，只有一個人承受。加上當時他的糖尿病已經惡化，劇痛侵襲他的腳；如果組織壞死必須截肢的話，他將無法繼續再從事醫師工作。這樣的想法，讓艾德更加絕望。

如果自己死了，保險金或許可以支付妻子的生活。十二月的某日，艾德在地下室把私人文件都燒毀，在二樓的寢室朝著自己的太陽穴舉槍自盡。

海明威在從紐約往佛羅里達的途中接到父親的死訊。他原本預定與海德莉和她們的孩子一起去度假，海明威急忙搭夜行列車趕往芝加哥。後來母親過世時，海明威連葬禮都沒有出席，形成了對比。也因父親的死，他與母親和弟弟久別重逢了。

父親的死與家人的悲傷，使得他與母親之間的鴻溝暫時縮小了些。成為一家之長的海明威覺得自己必須替代父親支持家人。於是他對母親承諾會寄給她生活費。母親因為父親的死而獲得保險金，又得到兒子寄送生活費的承諾，免於陷入貧困的生活。

母親還寫了封感謝信給他，海明威沒有特別不高興。

然而海明威以《戰地春夢》一書在經濟上有很大的收入，是在父親過世的四年後。父親過世時的他阮囊羞澀，還必須寄錢給母親。

隨著時間的經過，海明威對母親的憎惡感越來越強烈。他前思後想，父親之所以會以自殺的方式結束自己的生命，關鍵還是在母親身上。她除了獲得父親的保險金外，還繼續拿兒子寄送的生活費，也造成了他對母親的不信任感。海明威對母親開始明白地顯示出憎惡，甚至罵她是「老母狗」。另一方面，他對父親則充滿敬愛之情，父親自殺的痛一直纏繞著他。

海明威的案例，是對孩子養育毫不關心的母親缺乏穩定連結的依附，而同時從他與父親的關係這個觀點去看他的人生，他一直想要找回那些與父親認同、幼年時期的快樂時光。

忍耐力強的父親，在兒子與只愛自己的母親間，可說是拚了命似地保護兒子免於遭母親的控制與吞噬。父親自殺的慘痛結果，喚起了兒子要像父親那般支持家人的犧牲精神。而這也表現出想要認同父親的潛意識衝動吧。然而，當父親這個緩衝角色消失後，母親的自私直接成為兒子的負擔時，關係就變得無可挽救。最後，母親變成把父親這個令人尊敬、理想化的對象給逼死的可惡之人，成了憎惡的對象。

結果，在父親死後約三十三年，海明威也拿起來福槍對自己扣下了板機，結束自己的生命。不管是世界級暢銷作家的名聲也好，諾貝爾獎的光環也罷，都無法阻止他尋死的念頭。

與父親相較，海明威看起來過的是更為自由、奔放的人生，但從他的人生當中你會發現，他還是繼承了父親的許多東西，並且被這類相似的特質所束縛。酷愛戶外生活與自然、侍奉所愛的女人、為此做出過度犧牲的忠實；以及，所有一切都由自己背負，最後拿槍朝向自己、自我破壞這一面都是。這些有一部分可能是基因上的遺傳，然而也很有可能是因為全面地認同父親、不論好壞，在不知不覺當中內化、複製的結果。

‧‧從壓制者到救贖者

男孩會圍繞著母親，而與父親間產生伊底帕斯情結糾葛，對父親懷有恐懼。孩子會感覺父親是一個禁止慾望追求，將他們壓制的強大權力者。因為父親畢竟是一個無法抗衡、令人恐懼的存在。

像這樣與父親的糾葛，孩子會藉由對強大父親產生認同而跨越障礙。尊敬父親、自己也想變成父親那樣、想愛父親卻又害怕父親、希望父親消失的內心糾葛等等都可以一次獲得解決。

然而，持續地認同父親，也不會得到獨立的自我認同。到了青春期，必須踏向確立自我的道路時，男孩會從認同父親的階段移向下一個階段。孩子會與父親保持距離，企圖去獲得自己獨自的自我認同。他們開始反抗父親，若是父親把自己的意見強加在他們身上會增強那個反彈的激烈程度。

直接衝突的話，很有可能會變成硬碰硬的局勢。為避免這樣的狀況，孩子會想要和父親保持距離。父親也會與孩子保持距離，這也是彼此為對方著想的結果。

這個時期與母親的關係也進入了新的階段。對性的覺醒，想成為男人的兒子，可以說很本能地對於聽從母親的話這件事表現出抵抗。母親要是插嘴干涉，生理上就會產生反抗。對於被母親吞噬、支配，會產生強烈的拒絕。

這是為了脫離與母親的共生所湧現不可欠缺的能量，想甩開母親，企圖獲得自我獨立。

在這個階段，父親以與兒子幼年時期完全不同的姿態幫助了兒子獨立。換句話說，他會站在母親與兒子間，幫助兒子從母親的手中獲得解放。父親必須擔任與達成在母親支配下的解放者、救贖者的角色。

為了斬斷想要緊抓兒子不放手的母親，讓兒子獲得自由，父親就必須成為防波堤；而父親為了能產生防波堤的功能，父親與母親的關係就必須維持恆常，同時要能分擔兒子離巢的寂寞、把心情轉換到同為兒子獨立而欣喜的方向去。因為有父親的參與，這個過程才能圓滿達成。父親要陪在母親的身旁，孩子才能放心地離開母親，自己去獨立。

這個階段的孩子完全不會感覺父親的角色存在。然而，能夠順利離開母親、達成自立的孩子，對父親不會有敵對感，反而會產生友情、夥伴意識的親近感。

當你有這樣的概念時，再去看看家庭的發展，就可以看出父親在這過程背後達成的另一個角色。不用說，當然是從母親身邊解放的角色。前文提到的海明威父子也是符合這樣的情形。

‧過於偉大的父親

父親的缺席會帶給孩子心靈成長的試煉，但父親過於強烈的存在也會扭曲孩子，有損於孩子的健全成長。對孩子的心靈來說，父親那種過度的存在感，典型的狀況就是逃脫不出偉大父親的支配。

孩子愛父親也希望被父親所愛，將父親視為是理想形象去仰望，把他的價值觀與行動當作範本，回應父親的期待。然而，當父親的存在或期待過大時，孩子便無法回應，父親這個模範就成了沉重的負擔。

孩子認同父親的偉大與力量，並取之為用，另一方面也必須要確立與父親不同的獨立自我。當父親的形象不佳，是失望的對象時，那麼孩子也很難對其他人產生尊敬或在尊敬自己中長大，會養成比較諷世的、空幻不真實的人格；因而也就無法相信偉大的價值，或以堅強的意志朝向那個價值前進。但是，相反地當父親形象過於偉大，他的存在之大很難超越時，認同在青春期以後仍會持續，會變得無法從父親的束縛中掙脫，使得確立自我之路變得困難。

為了防止這樣的悲劇，父親要從孩子身邊離開，與孩子保持距離，給予孩子較多主體的自由。然而偉大的父親經常都是愛自己的，對孩子來說其實並不是一個好父親。為了免除這種弊害，父親需要從孩子的人生中退場。

・甘地與父親卡拉姆昌德

領導印度獨立的莫罕達斯・甘地的父親卡拉姆昌德・甘地，大家都叫他卡巴・甘地，曾經擔任印度過去五百多個土邦之一，博爾本德爾國首相。父親卡拉姆昌德好幾次的婚姻妻子都先離他而去，因此結了四次婚。莫罕達斯是最後一任妻子所生的四個孩子中最小的一個。莫罕達斯出生的時候，他正擔任首相，已來到初老的年齡。

父親是任何人都尊敬的偉大人物，對兒子也是個寬大溫柔的父親。他個性急躁、深具戰鬥性格、對不當的攻擊絕不沉默，是個會徹底地予以反擊的人。但為人清廉，從不謀私利累積個人財富，儘管地位崇高，卻不喜揮霍。雖說如此，還是能讓莫罕達斯去英國留學，獲得良好教育的機會，這自然也是因為父親具社會地位與經濟能力。

莫罕達斯非常內向敏感，不喜歡交朋友。放學後他會立刻跑回家，這麼做是因為他不喜歡跟其他的孩子相處。

他的記性不好，寫字也常寫錯，特別是在人際交往的社交性發展上很緩慢。如果他生在今日，父母親可能會擔心兒子是不是有「發展障礙」或「自閉障礙」等傾向。認真的性格，使得他能忠實地遵照父母與師長的指導去做。對自己的過錯有潔癖的傾向，從他孩提時代就很明顯地顯現，明顯地是受到父親的影響。

然而，父親並不用嚴厲叱責的方式來培育莫罕達斯。完全相反地，父親對孩子非常寬容，從不曾打孩子。是那種會自責、寧願自己受苦的人。

進高中時，他的成績雖然優秀，但他消極又怕羞，在人前容易緊張以及有潔癖的特質部分更加強化。一旦認為自己做的事情不正確，他就會痛哭與自責。

莫罕達斯十五歲時，為了幫助負債的哥哥而跑去偷東西。被罪惡感苛責的莫罕達斯，把這件事清楚地寫在信上交給了父親。父親讀了信之後，一句責備他的話也沒有，只是暗自流淚。莫罕達斯感受父親愛的同時，也極度後悔自己讓父親感到悲傷，在心裡發誓再也不做同樣的事。

父親在莫罕達斯進入高等學校高年級的時候生病了。莫罕達斯為了照顧父親，放學後馬上趕回家。父親為宿疾所苦，而照顧父親的病、處理父親大小事都是由莫罕達斯來做。每天幫父親腳部按摩，努力想要減輕父親的痛苦。和病弱的父親一起生活，對莫罕達斯的心靈投下了陰影。

莫罕達斯之所以心裡一直抱持著罪惡感與禁慾心態，決定關鍵在於父親的死。莫罕達斯十六歲時，父親的身體狀況一路惡化，在照顧之下並沒有什麼起色。

那一天如同往常，他隨侍父親左右，輕輕按摩父親的雙腳；因有叔父前來換班，於是他就回到自己房間休息。

當時莫罕達斯已經娶妻，他遵循印度當時十三歲就結婚的風俗，妻子已經懷有身孕。回到房間後，妻子雖然已經睡了，但莫罕達斯卻無法壓抑自己的慾望，將妻子搖醒，彷彿想暫時舒緩照顧父親的疲累，對妻子求歡。然而就在他正與妻子歡愛中，僕人急促地敲門，父親的病況突然發生變化。他趕了過去，父親卻已經沒了呼吸。

當自己耽溺於慾望之時，父親卻正瀕臨死亡的痛苦，這樣的念頭時時地苛責著莫罕達斯。他後來會強迫自己禁慾到一個嚴酷的程度，這個痛苦經驗或許也是很大的原因。對父親的罪惡感，再加上父親又是那樣偉大又清廉的人物，使得他的罪惡意識變得更強烈。

甘地堅持社會正義，把自己的人生貢獻給社會改革與印度獨立，與他潔癖的性格以及他偉大父親的存在，可以說扮演了不可欠缺的角色。然而，兒子甘地驅使自己走向過於嚴酷的人生，最後還結束了生命，這或許是因為他的父親病帶來的無形重擔吧。

一位偉大的社會運動者或思想家的誕生，的確不能沒有一個偉大的父親。實際上成就一個偉人或達成偉業的人物，多數都有想要認同、尊敬的父母親。

孩子，特別是男孩，會把父親當作自己的模範、老師，對他舉手投足的關注、對價值觀有意無意的模仿、複製。

父親要當一個良師引導孩子並不容易，並不是只要有熱忱與愛就足夠。為了當一個孩子的良師，要壓抑自己，不能夠太表現自己，必須要有某種程度的自我犧牲。缺乏這樣的自我控制，把父母的自我滿足感強加上去，當孩子的自我主體被擊垮時，那又會變成一種父親病。

偉大的父親，往往容易擊垮孩子。因此，父親的死有時候對孩子也是一種解放、保護。哲學家齊克果以及維根斯坦，他們開始活躍的時期，都是在父親死後開始的。太偉大父親的存在，會損及孩子的開朗與活力，所以當父親死後，原本懦弱的孩子會變得穩健、找回活力的人也不在少數。由於偉大的父親不在了，所以孩子也獲得了解脫。

相反的，當偉大的父親持續制霸又會如何呢？孩子們遭受痛苦，或者生病，或者反抗、離家出走，有時甚至孩子會被擊垮而死。這是獨裁者父親身邊很容易發生的悲劇。

・兒子哈利勞與父親甘地

聖雄甘地雖然有偉大的成就，但作為一個父親卻有很大的問題，甚至可以說孩子們為父親甘地強加在他們身上的信念而做了犧牲。

甘地把妻子留在印度，在南非開始全心投入改善印度勞工惡劣的待遇，曾有三年的時間沒有與妻子見面。不過，對孩子們來說，與其跟著父親一起生活，說不定這樣的方式還比較好。

甘地覺得把孩子送到英國、逼他們學英文、接受高等教育，不如應以教導他們農作與人格為優先。儘管甘地自己曾在英國留學，然而他不讓孩子去學校上學，也不讓他們接觸英文，要他們用土話古及拉特語交談，並要求他們要跟自己一樣過著自給自足的生活，在毒蛇聚集的土地上開墾。除了強迫孩子們吃素外，只能吃在農場採收的蔬果，之外的食物一律不准吃。當孩子得到傷寒瀕死的時候，即使醫生說應該要吃些有營養的東西，甘地還是只肯給他們吃蔬果。

最大的犧牲者是長男哈利勞。哈利勞是一個一心向學的孩子，雖然告訴父親他想上學，但父親卻不允許。當兒子有留學的機會時也是，甘地會主動去把機會給摧毀。甘地認為，要是計算著什麼對兒子有利，那麼對於他所堅持的信念與實踐就沒有什麼可立足之地了。甘地把自己在社會上的立足放在比兒子的未來更優先的位置。

兒子哈利勞於是錯過了接受正常教育的機會。哈利勞後來變得叛逆，表現出對父親的不信任。這讓甘地更加焦慮，於是對哈利榮採取了更嚴酷的態度。

父子對立的關鍵在於哈利勞自作主張結了婚。儘管對象是甘地友人的女兒，甘地仍無法容許未經他許可的婚姻。憤怒的甘地對孩子說「我已經不當你是我兒子」的狠話，兒子離開了父親身邊。

兩年後，兩人一度恢復關係，哈利勞回到父親身邊，但甘地對媳婦的態度卻可以說是嚴厲到虐待的程度，兩人的關係甚至瀕臨絕裂。

儘管如此，哈利勞卻比任何人更想要獲得父親的認可。因此，他積極參與父親的反政府運動，好幾次都遭到了逮捕。儘管如此，當哈利勞為了抗議運動做了可能違法之事而要被追訴時，甘地非但沒有聘請律師為他辯護，甚至還到法院作證要求嚴懲。

哈利勞走在人生的慘敗者之路，沉溺於女人和酒精，還用父親的名號招搖撞騙，這可以說是對父親所做的「抵抗運動」。之後他走到了極端，改信了伊斯蘭教。然而另一方面，他卻又無法徹底地憎恨父親，為了得到父親的認同，他繼續站在父親的獨立運動的浪頭上。

得不到父親認可兒子的悲傷，或許比得不到母親認同的孩子更強大。在內心越是尊敬父親的孩子，就越希望能獲得父親的認同。哈利勞的反抗，是得不到父親認可孩子反叛的悲哀。無論遭受什麼樣的無理對待，被迫做出什麼不當的事情，也無法無視父親的期待。

盡可能地希望回應父親的期望。即使想要反抗，在心裡也總有某處無法割捨下父親。一直被希望獲得認同的心情牽制著。然而反抗的另一方，又覺得這樣的自己是不可以的。

‧‧被迫成為替身的人生

有存在感的父親，把孩子逼到絕境的悲劇在過去非常多，現在也時有所聞。有的父親以自己的成功為標準，要求孩子也要尋求同樣的成功；也有的父親是懷著挫折與悔恨，要孩子去為他復仇，強迫孩子成為他人生的替身。

然而，不論孩子成功或失敗，那都不是孩子的人生，如果孩子不能自己選擇自己的生存方式，那樣的人生比失敗還不如。

聰子（假名）的父親生長在一個醫師家族中，他對自己非名校大學文科系畢業懷有強烈的自卑感，加上妻子高中畢業，所以覺得自己在家族中沒有什麼地位。因此非常期待自己的孩子能進國立學校的醫學院。

因為聰子成績很好，因此父親對她抱持很大的期待。他自己教她念書，一有錯就會嚴厲責罵，有時甚至會施加暴力。對沒有什麼學歷的母親來說，覺得自己沒有資格插嘴，因此無法違逆丈夫。

小學時聰子的成績很好，父親認為這樣下去應該可以符合期待。然而上了中學之後，成績卻沒有進步。父親責怪聰子不夠努力，說她這樣下去別說是醫學院，還會像媽媽一樣上不了大學。

以往對父親從未曾說過一句反駁的話、默默順從的聰子，從這個時候開始反抗起父親。她不去補習班補習、跟壞朋友鬼混，成績一落千丈，也經常請假不上學。父親只要動手打聰子，她就離家出走。從那個時候開始，將自己摧毀似乎成了聰子生存的意義。她把身體交給在夜店認識的男人，同時學會吸毒。

當被抓到警局時，聰子因迷幻藥作用出現了幻覺妄想，為了閃避從牆壁跑出襲擊她的人影，她抓著鐵欄杆不斷哭喊。家事法庭便將聰子送到了醫療少年感化院去。

在院內的生活安定下來後，聰子又恢復了優等生大小姐的姿態。母親常來探望她，但父親卻一次都沒有出現過，只是由母親帶來父親的訊息，轉達給聰子。

聰子表示父親絕對不可能會原諒自己，而且自己做了那樣的事她並不企求能獲得原諒。但聰子真正的心聲卻不是如此。

那是她要重回社會前一個月的事。母親為聰子帶來了父親的訊息。「回家來吧，我們等著妳！」聰子聽到這句話哭了出來。

‧‧被父親拋棄的孩子

被拋棄的感受，不單是被所依附、信賴的對象拒絕時，被認同、敬愛的對象忽視不顧時也會產生。兩者加在一起的話，這樣的衝擊也會被放大。因此，在成長過程中越是認同父親的孩子，被父親拋棄造成的傷害也就越大。

如果父親是可有可無的存在，傷害也許會減少一些；但是認同父親，想要和父親一樣的孩子，獲得父親認同的心情會比任何人都強。如果期待落空就會奪走那孩子的自我肯定和向上心。

聰子被父親拋棄，或者走向墮落的人生，以及直到最後都還在乎父親的想法，這全都是因為比起母親她更認同的是父親。對聰子來說，母親雖然溫柔、是支持她的人，但卻不是她的認同與目標。父親才是她希望認同的人。

被父親拋棄的狀況，大致可以分為三種類型。其一是父親對期待的孩子感到失望於是拋棄。其二，是因為離婚或再婚而離開孩子，把關注移向其他地方。還有一種，是從一開始就沒有什麼關注與期待，一直忽視的狀況。

孩子很敏感，感覺得到自己被拋棄，不會去管有什麼苦衷或理由，在被拋棄的孩子身上會產生一些共通的反應。

其中之一就是憂鬱症。不只是沮喪，還會變得不負責任、容易自暴自棄，覺得怎麼樣都無所謂。就像是斷線的風箏般，自己的目標是什麼、要做什麼努力，並不清楚。於是陷入了迷失，產生自我認同危機。那是因為失去了過去一直認同的目標。

更進一步地，有人從自我否定開始陷入自我摧毀，有的甚至還會自殘或企圖自殺。

同時，為了保護自己還會引發自我防衛的反應，反抗或是不法行為就是其一。藉由反叛、否定自我目標來維護自己的自尊。那是為到達對抗同一性（counter identity），而做出與父母教導完全相反的事情，藉此尋求自己生存的意義。有可能會若無其事地做出犯罪行為，也有可能會變成反社會人格。

有些人會把心封閉起來，冷酷地利用、算計他人，來取得財富與地位。藉此報復那些瞧不起、否定他的人。會被過度渴求讚賞與成功的欲求所困住，而不斷地追求。

此外，也有人為了從自我否定的狀態中逃出，便過著依賴酒精與賭博的生活，沉醉其中讓神經麻痺，以忘卻心靈的痛楚。

然而，無論試圖以何種方法掩蓋，終究還是會在心底深處覺得自己得不到父親認同，是沒有用的人，不知不覺間心靈就會被腐蝕。因此，另一個特徵就是容易產生自我否定。

‧‧詩人中原中也與父親謙助

詩人中原中也的父親中原謙助是一名軍醫，入贅到中原家並繼承家業，成為開業醫師。中原中也是他結婚七年後好不容易才有的寶貝兒子、繼承人。中原中也被當成寶貝捧在手心，不用說，自然是在備受寵愛的環境下長大。但也由於過於寶貝與寵愛，卻阻礙了他的成長。因為怕他受傷，怕他感染風寒，便不讓他到外面與其他孩子玩；怕他會溺水，不讓他學游泳；懲罰他的時候不是用手打他，而是手拿著手帕打。

中也容易受傷到病態的程度，或者說他在人群之中感到疏離、太過自我的不平衡人格，和他成長過程被過度保護，以及與同年代的孩子們隔離不無關係吧。

中原詩人的故事讓我聯想到，心理學者哈洛（Harry F. Hallow）的某個實驗。實驗中將小猴子和母親分開來養育，幾乎所有小猴子都死了，即使生存下來也無法社會化。相反地，將小猴子與母親一起隔離養育，不讓牠和其他同伴接觸，小猴子同樣會在社會性發展上有重大的缺陷，無法擁有良好的團體適應力以及擁有伴侶、養育孩子。中也在某種意義上可以說就像是哈洛的小猴子一樣，在實驗中的環境下長大。

父親謙助自己從年輕時就會寫和歌俳句，在軍醫學校時代非常景仰當時的校長森鷗外，曾經在雜誌上發表短篇小說，是個文藝青年，中也這個名字也是請森鷗外取的。然而他成為父親後，卻對孩子熱中於文學感到不快，一直妨礙著兒子的文學路。

和那些被控制、被嚴格管理、被剝奪主體性的孩子們一樣，中也學會了對自己的生存採取了同樣的迴避態度。年幼的時候被稱為神童，自尊心比誰都高，但這並不代表他擁有自由意志，因此他學會了不去積極努力，只選擇安逸的方式來逃避。這樣的傾向在之後也轉趨明顯。中學時，頹廢的生活態度開始表面化，學業成績年年退步，到了中學三年級的時候，他終於留級了。

在當地屬於名門的中原醫院繼承人留級，這樣的事情對父親謙助來說是很沒有面子的事。他為兒子請了家教、要他到寺廟寄住。但是他並沒有努力讀書的意願，甚至還跟醫院護士發生親密關係。最後父親氣急敗壞地把中也趕到京都，讓他轉學到立命館中學去。

當時的立命館中學程度不佳，像是一個專門收容留級生的學校，對中也來說應該並不是一個有趣的地方。但能脫離父母監控的中也如魚得水般，想做什麼就做什麼。他和大他三歲的長谷川泰子交往、後來同居。二十歲的泰子，是來自廣島離家出走的女孩，當時，她是劇場和電影公司的女演員。後來泰子被中也的好友，也就是評論家小林秀雄橫刀奪愛。

中也對東京一直懷有憧憬，認為要走文學路就要到東京去。他想進早稻田大學，甚至還想找槍手代考。但以他連中學都很難畢業的程度，他知道如果沒有中學的結業證書就連考試都不能考，於是找人頂替考試之事就不了了之。

他騙父親說要上日本大學，於是如願般到東京去，但卻過著無賴的生活。父親謙助就在這個時候過世，中也沒有出席父親的葬禮。因為他無法取得日大學生的制服，這樣他沒上大學的事情會因此曝光，於是不敢回去。

然而，他並非對父親沒有思念。某一次，談到過世父親時，中也的眼淚滾滾落下。他是一個愛逞強的人，很少讓人看到他落淚的樣子，當時在場的朋友都感到意外。一直違背父親期待的中也，心中懷有的悔恨與罪惡感，一直糾纏著他。

當孩子被父親拋棄，若是有母親的輔助便能夠彌補這個遺憾，那麼傷害就會比較小。然而母親要是對父親百依百順，孩子就會遭到雙重的傷害。

被父親拋棄的另一種情形是因分居，父親離開孩子。父親雖然沒有拋棄孩子的意思，但是對於仍需要幫助的孩子來說，沒有陪伴在身邊等於拋棄。無論被拋棄的理由是什麼，孩子會始終無法拂去這樣的想法。

近年來，父親已失去過去的存在感，影響力也不如母親來得那麼大。尤其是在離婚或分居的情形，有不少案例讓人很難接受要孩子與那樣行為表現的父親做切割才是好的結果。只是，在那樣的情形下，孩子或許也只是為了讓母親安心、做出符合母親期待的反應而已。有很多時候是即使孩子這麼衷心認為，然而在心底某個地方，仍是壓抑著失去父親的悲傷。

即便如此，若母親能夠好好地與孩子相處，這個傷害終究可以跨越過去。對於自己對父親的那一份牽掛能有所理解的話，自然能夠割捨。

然而，當母親的態度一再動搖，持續怨恨、責怪父親的話，傷害就會一直拖延下去。

在防範父親這種病上，如要發揮作用，只能憑藉母親是否能夠好好地照顧孩子了。而當母親非如此時，孩子就會對父親與母親兩者都失去信賴，結果無論對誰都將無法擁有穩定關係。

‧‧將斷絕關係變跳板的櫻井良子

被父親拋棄的經驗，對孩子來說是十分殘酷的經歷，但當孩子能有所成長、具備自立的能力時，有時反而能夠跨越，建構出自我堅強的性格。

根據記者櫻井良子的自傳，父親在戰前、戰時都是橫跨亞洲的成功貿易商。他在越南的河內有據點，櫻井從小在河內長大。然而戰後，他失去了累積的資產，回到日本，在九州做生意，而櫻井則在大分縣中津這個豐富的大自然中開朗地成長。

然而，他的父親不顧家庭，不但經常因工作不在家，前往東京後還和情婦住在一起，甚至生下了孩子。後來櫻井母子從中津移居到新瀉娘家。在多雪的北國生活，對還是孩子的櫻井良子來說，只覺得非常寒冷。

之後過了許多年，早已關係淡薄的父親突然前來詢問她要不要一起移居到夏威夷。原來父親要在那裡開日本料理餐廳，不知道是基於什麼樣的想法要女兒前去。或許是希望有一個人能在身邊照料他，也或許只是想跟女兒找回失去的時光。櫻井良子後來答應父親的要求前往夏威夷大學留學，與父親一起生活。

然而過了兩年之後，父親決定回國。他要櫻井也跟著一起回來。這對還想留在那兒繼續學業的櫻井簡直是晴天霹靂的消息。不但如此，父親還說出大學不要讀了嫁人不就得了這種自私的話語。當櫻井拒絕後，父親則表明要與她斷絕關係，還表示從今以後對她不再有任何的援助。把二十歲不到的女兒丟在異國撒手不管，櫻井身上只有五美元的現金，還有一台父親留下的 Remington 打字機。

然而這個體驗對櫻井來說，卻成為她出社會的通過禮儀。櫻井找一直很照顧她的大學教授商談，從住處到打工、獎學金一個一個想辦法，一面自立更生的同時，繼續未完成的學業。

在櫻井心中，有認同在經濟上很有一套、很成功父親的一面，以及對不顧母親與自己、自私自利父親不滿與不信任的一面，兩者都存在。在這樣的案例中，由於後者沒有獲得滿足的感覺，便容易帶著對父親的執著，反而很難脫離父親。

結果，因與父親決裂，被父親拋棄，便脫離了對父親的憧憬與理想化的行列，也許便因此產生了不借助父親之力也要成功的志氣。被父親斷絕關係，切斷這微溫的依賴，可以說發揮有用的效力。

只是一般人很難承受這樣的考驗，當陷入自暴自棄狀態時，很有可能只會去找一個替代的對象來依賴而已。

・・戀父情結與父親的理想化與認同

對父親的認同意義在男孩和女孩身上顯然不同。因為一般來說，兒子會想認同父親，而女兒則會想要認同母親。女兒也和兒子有所不同，不是所有的特徵都相同，而是對父親身上的女性特徵認同傾向會比較強。

但有時女孩也會發生對父親過度認同的情況。那就是當母親成為不了自我理想的形象時，孩子就不會以母親而是以父親為認同目標。這一種典型，是父親高學歷又具專業背景、在社會上非常活躍；而另一方面母親則是全職家庭主婦，經濟上倚賴父親，而且精神不穩定。

這樣的案例中，大多是父親在幼兒階段不太關心育兒，等女兒長大到某個階段、要討論升學出路等問題時才會開始關心。這期間，女兒對於母親不穩定依附會感覺負擔沉重，而當父親又輕忽家庭、不能給予自己和母親有效幫助時，便會心生不滿。因為父親對這種事情都會避開不看。

然而，即使懷抱這樣的不滿，女兒從小開始就認同並自我理想化的，並非在家中整日悶悶不樂的母親，而是活躍在外的父親。這類型的女性，會對努力提升業績之類的事業表現熱心，雖然得到相對的成果，卻不擅長享受快樂人生與交友之樂。尤其不擅長與男性的感情關係，以及養育孩子這種身為女性或身為母親的角色，她們多半會覺得有種違和感或感到無趣；另一方面也無法認同母親，對於女性或母親的角色無法用肯定的態度接受。

這類型的女性雖然容易伴隨進食障礙，但若能藉由認同父親來跨越與母親不穩定的依附關係的背景來看，應該就能夠獲得理解。

・・雅典娜情結

在希臘神話中登場的女神雅典娜，是從父親宙斯的頭裡面戴著盔甲的狀態下出生的，主宰著智慧與戰爭。精神分析醫師羅納德・布萊頓從雅典娜沒有母親、向父親尋求認同的這一點著眼，將那些不讓鬚眉、活躍女性的精神結構，視為雅典娜情結。

長期擔任英國首相，有「鐵娘子」稱號的瑪格麗特・柴契爾，就是屬於典型的雅典娜情結。柴契爾夫人她輕視母親的同時，對當市長的父親非常尊崇。柴契爾說過「我的一切歸功於父親」。柴契爾發揮凌駕於男人之上的戰鬥力，其來源就是把父親當作自己的理想形象，從認同父親中產生的。然而，這個代價就是犧牲了一個當妻子與母親的應盡義務。

與瑪格麗特・柴契爾隔著大西洋並列的應該是希拉蕊・柯林頓，她也被視為具有類似的精神結構。從希拉蕊這個原本就是男孩子常用的名字來看，就可以了解。而她也培育出非常適合這個名字的不讓鬚眉性格。

希拉蕊的母親是外祖母在十五歲時生下的孩子，八歲時雙親離異，在非常不穩定的環境中長大。連高中都沒有念，從十四歲開始就被迫去做供住宿的工作。希拉蕊要是被年紀大一點的孩子欺負哭著回來，母親就會教她被打了就要打回去。

與母親相較，父親成長的環境要好很多。他以足球獎學金學生身分從賓州大學畢業。由於畢業時是大恐慌時代，除了礦工之外找不到其他工作。一開始他工作得非常辛苦，但他沒有失去向上心，一步一步成功。辛苦往上爬的父親對孩子很嚴格，優秀的希拉蕊無論成績表現有多好，也絕不讚美她，他要求她要更好。或許一般的孩子，面對這樣的壓力會完全失去幹勁。

但是希拉蕊並沒有被打倒，她繼續努力。希拉蕊最想要的是受到父親的認可。她選擇認同的對象不是母親而是父親。父親的教導被放進了她的自我認同中，成為她管理自己的強大意志。

她從小對政治顯現出異常的興趣，也是受父親的影響。對於像父親那樣精壯的、知性的成熟男性感到興趣。其中一人是高中時代的歷史老師，給了她很大的影響。她找到尊敬的男性，並為了得到認同而努力的模式，於焉開始展開。

會站在這個出發點，是因為她把父親當作自我理想，與自己結合為一體。因此，她有著像父親一樣強大的野心、嚴格的自律，成為她成功的驅動力。

許多在社會上成功、活躍的女性，都被認為有尊敬父親、認同父親的傾向。即使乍看之下是反抗的情結，也是因崇拜父親這個重要存在的關係。若不是為了補償與母親依附關係的欠缺，可以說那就更幸運了。如果能從父母兩者皆受惠的話，就無須犧牲家庭幸福，事業也能成功吧。然而當找不到可以認同母親的理想形象，產生只偏向父親的認同時，人生就容易變得孤獨而殘酷。

這類過強的主體性，與通常身為女性被要求的角色容易產生摩擦。特別是在性關係上。因為女性是被動的角色。以身相許、愛撫、進入，這一連串的過程中，都必須去接受來自伴侶的行動、感覺。對於這類的女性來說相當困難。失去自己的主導權，對於高潮的體驗會有抗拒。這一類女性在性愛方面無法體驗高潮的案例並不少見。

在澀谷圓山町發生的東電ＯＬ殺人事件，被視為嫌犯而遭收押的尼泊爾男性，再審時大逆轉被判無罪，雖然再一次受到世人矚目，但不免覺得該事件的受害女性就是被這樣的精神力量所操控。

被害者的父親是一個畢業於東京大學、在東京電力公司工作的菁英分子，但就在即將升上幹部時，卻因胃癌病逝抱憾而終。父親死時，是在這位受害女性高中的時候。從此，她更加勤奮讀書，但同時人也變得異常消瘦，因為她罹患了厭食症。在不斷勤勉努力之下，終於和父親一樣進入東京電力公司，擔任財務分析的工作。她認真積極，並陸續發表研究論文。

然而，這樣的努力是犧牲了她內在女性的欲求。她以在飯店打工作為發洩的出口，這也使得她的人生脫離正軌。顧客讚美她的女性特質，相對因此獲得金錢上報酬，促使她打開了過去所抑制的慾望。

下班後，她用與過去相同的勤勉投入賣春這個新工作。她開始兼做另一份工作，每天搶三、四個客人，即使是以兩、三千日圓的便宜價格也要搶得客人。她還曾嘗試「上門推銷」，主動敲公寓住宅的大門，還曾經跑到蔬菜鮮果店裡去拉客。在這樣毫無顧忌地尋找對象賣春之下，終於導致殘酷的結局。

這個個案的狀況，是認同父親、想要替代父親復仇的想法，也成為她勤勉努力的驅動力，雖然讓她在工作上能勤奮努力，然而卻也扭曲了她身為女性的幸福，成了犧牲品。依據男性客人的證詞，她不曾有過高潮，有「性冷感」的問題。她認同父親、具侵略性，卻以獲得身為女性自然歡愉的自我認同，成了她人生的犧牲品。

‥行為模範的父親

父親，特別對男孩來說，是行為的模範，也是教導孩子進入社會的引導人。這絕不是修辭學上的說法，而是現實中被認定的機能。其重要性也有心理學上的研究可做佐證。

為了調查什麼與孩子的社會適應性最相關，曾有人用雙親的背景與行為特性、感覺壓力的程度，與四年後孩子的社會適應做調查。結果，影響孩子適應性最大的是父親的社會適應性是否良好。

並且，如果父親有無法控制情感或具攻擊性的衝動時，孩子比較容易引發犯罪或亂用藥物等行為上的問題。

當然，遺傳的因素應該也有影響，然而研究顯示，比起分開生活的父親，生活在一起的養父影響更大。將這些研究結果綜合來看，父親並不止於遺傳上的影響，應該也可以說他是以實際行動模式左右了孩子的適應性。

由此可知，擁有一個不太能作為模範的父親，孩子會處在一個混亂、無所適從的立場。

‧‧反面教材的父親

以無法尊敬的父親案例來說，就是應該守護家人的父親卻讓家人受苦的狀態最為典型。像沉溺於酒精的父親，對家人施暴的父親，或是不工作的父親，投資或事業一再失敗、讓家人遭受悲慘境遇的父親。

不二雄（假名）的父親，口才很好、很會說話、喜歡說笑、個性又開朗。父親繼承了祖父的店和母親一起經營。不二雄小時候日子過得平靜安穩，這樣的生活突然開始轉變是在不二雄剛上小學的時候。父親經常不在家，回家就與母親爭吵，從母親責問父親的話語中得知父親沉迷於賭博。但是他沒有想到，這件事後來影響了自己和母親的生活。

某一天從學校回來後，他發現母親在哭泣。母親臉色鐵青，懊惱地握緊了拳頭，低著頭蹲在榻榻米上。他問母親怎麼回事，母親過了許久才回答父親把店給賣了。

父親完全不顧將店交由母親一個人管理，母親直到有不速之客前來要求把店交給他們，才知道自己拚命守著的店在一個月前就已轉手他人，而她卻還一如往常地努力工作。

母親最恨的是，父親把店給賣了，卻一聲不吭地照常過日子。

而這也是父親後來一直慣用的手法。面對面的時候只會講好聽話，隱瞞著事實，對眾人滿不在乎地欺騙。母親用尖銳的聲音質問父親，父親卻只含糊其詞。後來才知道，他頻繁出入賭場，還借了高利貸。

母親租下店鋪想要守住這家店，但小小的店沒有需要父親的工作，幸好在這個時候父親開始在外商工作。也由於他的業務手腕還不差、薪水也不錯，但卻一次都沒有拿薪水回家。

因為每次領薪水的時候，父親就會跟著薪水一塊消失。兩、三天沒回家是平常事。為賭競艇瘋狂的父親，跑到很遠的競艇場夜不歸營，不輸光就不會回家。有一次他一個月都沒有回家，大家就想大概是他難得大贏一場，需要一點時間才能把錢花光吧。

久違的父親踉踉蹌蹌地回來，就好像他只是去上個廁所似的，若無其事地繼續生活。母親怒氣沖沖、發狂似地質問著父親知不知道我們有多擔心，又到底是去了哪裡？

沒過多久，他又和店裡的營運資金一起消失，母親非常傷腦筋，還曾經有好幾個戴墨鏡的男人跑上門來，母親為此感到震驚。這些事件每次都引發不二雄對父親的激烈憎恨。然而不可思議的是，當父親回來時他卻什麼都沒說。之所以會不那麼憎恨，是因為周遭人對父親的評價。

生活雖然苦，但因不二雄成績優秀，因此拿了獎學金進了國立大學。生活費靠打工勉強維持，但必須繳交學分費時，也有無法籌得出錢的時候。曾經窮到就算要跑回家借錢，也沒有錢搭電車回去的窘境。

這時候他會踩著腳踏車騎回距離五十公里的家，哭著要借一萬兩萬也好；有時候遇上父親正好捲款逃跑的時候，家裡連一千塊錢都沒有。傷心的不二雄只好又騎五十公里的腳踏車回去。

祖父留下來的財產除了店面外，還有土地、公寓之類的不動產，都因為借款而被抵押。連辛辛苦苦保留下來的住家，也曾經差一點就落入他人之手。母親無法解決問題，還是大學生的不二雄向親戚求助，才總算收拾殘局。只有在這個時候，不二雄會抓著父親的衣領質問他：「你夠了沒？如果再做這樣的事，你就去死吧！」父親什麼也沒回答。父親戒掉賭癮，是在那之後。

石油危機、經濟不景氣，不二雄找工作找得很辛苦，一開始他頻繁地換工作，直到轉到某家公司後才運勢大開。個性有魄力、有膽識的不二雄，業務成績出類拔萃，獲得老闆賞識。

公司之後急速成長，同時不二雄的地位與收入也節節高升，最後爬到了高級主管的位置。隨著公司股票上市獲得股票轉讓收益，不但補足了父親失去的財產還綽綽有餘。不二雄從這個轉讓收益中撥了一千萬日圓送給了父母。想到過去為了一千日圓所苦的母親喜極而泣，父親也為兒子的成就自豪不已，到處得意地說。

父親看到兒子的成功，安穩地度過他的晚年。另一方面，還不到退休年齡的不二雄也早早退下，享受隱居的生活。從兒時一直辛苦到現在，一路走來浮浮沉沉的生命歷程，他認為成功和幸運不會永遠持續，所以很希望能從忙碌的生活中解脫。

讓不二雄痛苦的「父親病」，鍛鍊了不二雄，有促使他成長的一面，但同時也讓他對人生抱持懷疑，種下對人不信任的一面。他惶恐不安，被無力感所折磨，這絕不是好事，也不是一件容易的事。因為沒見過地獄的人是跨不過去的。

就算是一事無成的父親，也可能會種下不可思議的種子，造就一段動人的人生故事，這裡面也存在著父親的強大存在感。而最近新增的一個模式，那就是只熱中自己的事，家人和孩子完全棄之不顧的父親。

工作回家後，馬上上網、玩電腦或遊戲，一家和樂的時候他也不在場，也不跟家人對話的父親。愛自己、自閉的父親形象，使得父親的存在感更加薄弱化。

愛自己的父親，與其說是孩子的庇護者，他的舉止行為更像是母親的另一個孩子。當妻子不是以丈夫而是以孩子為優先，他就會覺得自己被忽略。要是因為孩子的事而被抱怨，就會馬上顯得不高興。孩子之所以會親近父親，是因為把父親當作遊戲的對象；但是到了青春期，就會與父親保持距離，於是父親會開始覺得自己有種被拒絕的感覺，因此認為既然如此那自己也只好拒絕孩子了。但遺憾的是，這樣的父親以行動模式來說，很顯然是有缺陷的。

然而，父親的存在感不是只有這個部分，還會把工作的緊張感帶回家，擺出一副嚴肅的表情，於是孩子在不知不覺間會學習到父親從外面帶回來的氣息。如果能多和孩子溝通說明，孩子就能理解父親的工作，並從父親身上學習到很多事。

・・受否定的父親形象支配

有時候，父親非但不是守護孩子的人，還可能會成為孩子的威脅。應該是尊敬對象的父親，有時會一直否定孩子。曾經有過這種體驗的孩子，一生中都會帶著難以拂去的傷痕。

在這樣的情況下，對父親的否定意識會在不知不覺中支配著他的行為或認知。受到父親的虐待或是一直遭到否定或被拋棄的人，一方面會持續追求理想中的父親，另一方面父親的否定形象會像幽靈般纏繞著他。與幽靈不斷戰鬥，在不自覺間會破壞自己的人生。因為他所認知的、在他眼前並與之交戰的人，其實一直是支配著他心靈的父親形象（心中的形象）。

繪里加（假名）的父親是建設公司的二代老闆。結婚後父親未曾停止在外拈花惹草，母親因受嫉妒所苦，在生下繪里加後精神狀態變得不穩定。三歲時父母離異，繪里加跟在父親身邊，並委由當時還健在的祖母照顧。

兩年後父親再婚，新媽媽來了。對親情渴望的繪里加非常歡迎年輕又漂亮的媽媽，她感到非常地開心，然而那卻是繪里加受難的開始。

剛開始對她百般寵愛的繼母，在弟弟出生後態度有了一百八十度的轉變。繪里加雖然決定要好好照顧弟弟，但很快地她發現母親愛的不是自己而是弟弟。於是繪里加不再像從前那樣開朗坦率，她會故意把弟弟的東西丟掉，或者偷偷地欺負弟弟。繼母雖然生氣，但顧忌祖母在，也拿她沒辦法。

小學四年級時祖母、祖父相繼去世，沒有人可以保護繪里加，彷彿想要一掃過去的憤恨似的，繼母對父親不斷灌輸繪里加是壞小孩的種種。父親果然按繼母之意，對繪里加情緒性的怒罵。繪里加要是不承認就會對她施暴，而當被暴力相向時，繪里加會固執地加以頂撞，讓父親更為生氣。

不巧，就在這時父親公司的經營開始走下坡，或許心情上的焦躁也有影響，父親每晚都對繪里加嚴加斥責，三天就對她施暴一次，這樣的日子持續到高中。後來，父親的公司破產，繪里加為了逃離拚命努力讀書，她想，只有上大學才能逃離那個家。

然而父親卻不允許。不要她去上大學，要她去工作。她只有對這一件事堅持不願讓步，哭著請求終於得到允許，但是條件是所有費用都要自己支付。

不要說補習費，父親就連考試費用也不願幫她出。繪里加只能一面讀書一面打工存考試費用和學費。即使如此，只要想到能離開那個家，她就不覺得苦。繪里加的願望就是要建立一個跟那個家完全不同的幸福家庭。

苦學的結果，繪里加大學畢業，當了上老師。她第一次交往的男友溫柔又有男子氣概，非常能包容繪里加。這是她第一次感到內心安穩。然而繪里加逐漸覺得這樣不夠。沒有什麼特別的才能和野心的他，對繪里加來說過於平凡，她無意與他共度人生。

繪里加藉由調職的機會便與男友分手了。在某個聚會場合，她認識了一位投注兒童虐待問題的法官，繪里加很快地被他吸引，而對方也很喜歡她、兩人便開始約會。從男友那裡聽到有關法律的世界對繪里加來說非常新鮮，引起了她的興趣。一個彷彿在雲端的人正在與自己交往，這讓她覺得不可思議。

男方似乎有意跟繪里加結婚，很快地熱情地將她介紹給父母。

從開始交往後半年就向她求婚。腦筋好、人品優秀的超菁英分子，她找不到拒絕的理由。她終於擁有了她夢想中的幸福家庭。要是這個對象的話父親與繼母應該無話可說吧，她很想看看兩人驚訝的表情。

事實上，在得知對方是優秀的法官後，繼母的態度大大改變，父親也出席了婚禮給予祝福。這麼一來等於和家人和好，過去的疙瘩就此可以一筆勾銷。

新婚的前兩、三年，日子過得非常幸福；第三年，孩子生下後，可說是攀上幸福的頂點。好像擁有全世界似的，感覺非常滿足。

而幸福生活開始產生變化，是從帶孩子的時候開始。丈夫的關係開始變得不融洽，後來想想，繪里加將全副精神都放在孩子身上，把丈夫的事情都擺在一旁，或許因此讓丈夫感到不開心。法官的工作比想像中還要吃重，出差和交際應酬也多。過去繪里加會幫先生出差做準備或幫忙像祕書的工作，但這些工作在必須帶孩子的情況下沒有再做。第一次養育孩子，在無法依靠繼母的狀況，繪里加認為自己已經分身乏術。

丈夫可能也不輕鬆，請她幫忙的事要是忘了馬上就會發出焦慮不滿的聲音，也會怒氣沖沖地責問她知不知道自己的工作有多重要。對於丈夫，繪里加沒有道歉的意思，反而責怪丈夫太倚賴她。

雖然不久後總會和好，但只要發生一些小事，丈夫就會開始怒罵，繪里加則用尖銳的聲音加以反駁，這樣的事一再重複。繪里加感到很悲傷，沒想到生活會變成這樣。想逃離繼母的虐待、父親的施暴，一直拚命努力，以為到手的幸福家庭，到頭來卻跟自己討厭的原生家庭沒什麼兩樣。難道自己一直以來的努力是為了這樣的東西嗎？

前來尋求諮商的繪里加不知道該拿丈夫的言語暴力怎麼辦才好，她認為問題出在丈夫身上。然而當仔細回想與丈夫開始爭論的場景時，就會發現在丈夫發出焦慮的聲音之前，大概都是繪里加先引燃的。

很多事情在做的時候忘了丈夫的交待，或是對丈夫的提議也沒有仔細思考就加以拒絕。這也表明了她根本沒有想要好好聽丈夫說話。而丈夫也是因為她答應的事沒有做到，或是自尊心受傷害、感到自己被拒絕，才會打開焦慮的開關。而在無意間打開那個開關的，其實是繪里加。

可是，繪里加對此完全缺乏自覺。她可以感覺到對方不高興，或者又開始產生焦慮的部分。她會想，「丈夫又再責備自己了，面對這樣的狀況我已經感到厭煩了」。於是對此產生反彈，被情感的漩渦給吞噬，演變成為激烈的爭吵。

為什麼繪里加會對丈夫有這樣的反應呢？

我們認為繪里加有放大自己、想要表現自己是重要存在的傾向。這樣的態度，在雙方關係良好的期間，繪里加的坦率表現，會讓人覺得她深具魅力；但是當兩人在發生不愉快時表現出這樣的態度，無疑的像是在威嚇對方、讓對方感到焦躁，進而有挑釁的意味。

繪里加說她受到丈夫言語暴力的場景會與過去父親責備她的場景重疊，很明顯地可以看出繪里加與丈夫發生衝突的同時，其實也是在跟過去否定、苛責她的父親戰鬥。

而丈夫的困惑也是合理的。因為曾經以為對方是尊敬自己、為自己奉獻、幫助自己的妻子，在不知不覺當中卻拿起了盾牌，成了難纏的反對者。

女性若不能跨越對父親的兩種矛盾想法，會將身旁的男性過度地理想化，進而去反映理想中的父親形象。但另一方面，當另一半對自己稍稍表現出否定的言語或攻擊的態度時，就會把他當作和父親一樣，在虐待自己，是否定自己的壓制者，結果就會產生頑強抵抗，反過來去傷害對方，朝向破壞兩人關係的方向走。若能回溯源頭，你可以清楚發現，那是受到負面父親形象束縛所致。

從當事人來看，純粹是想要保護自己、希望對方理解自己所做出的反應，然而事態非但沒有獲得改善，反而還會漫無邊際地惡化下去。

一些具專業知識、從事專門職種的人，往往容易受到這種束縛的影響。例如，對父親抱持負面形象的諮商者，會在對個案進行夫妻問題諮商時，比較不會給予朝向改善關係的建議；反而會將丈夫視為是壓制者方，無形中啟動了夫妻關係的戰鬥模式，朝向完全破壞的方向進行。諮商者抱持的負面父親形象，被個案的丈夫認同，於是便朝防衛過當與攻擊的方向進行。結果，個案受到諮商者過去心靈創傷牽連。

・・生病的父親

產生負面父親形象的另一個原因，令人意外的有許多都是因父親罹患慢性病或精神病無法工作，也無法保護母親與孩子的關係。在這樣的情形下，孩子不只難以認同、尊敬父親，還會因為缺乏父親這個可靠的庇護者，而容易對任何事情都懷有不安與不可信賴感。

有時候，是因為生命好像會日漸消逝的父親那可怕的模樣，或周遭悲嘆的反應，造成孩子心靈的傷痛，長期威脅孩子的安全感。

生病的父親，特別是在孩子還需要一個庇護與理想化對象的時期，卻遇到了陷入此狀況的父親，會因此種下不安與悲觀的種子。接下來的個案就是這樣的例子。

不安的真相

綾子（假名）從十幾歲開始，就為慢性的身心症與焦慮症所苦。她在大學專攻心理學也是基於想要找出問題真相的想法。

綾子生長在母親撐起的單親家庭，雖然不富裕，但也不曾嚐過真正的貧苦。因為是老么，所以不但受到母親特別的寵愛，哥哥姊姊也都很照顧她，從不覺得寂寞。

然而，到了青少年期卻開始為身心不適所苦，她認為自己之所以身體與心理都脆弱又依賴性強，可能是因為母親過度保護的關係，於是對母親開始感到厭煩。

然而，她卻從來沒有思考過父親的問題。因為打從一開始就等於沒有父親一樣，所以完全不會去想到父親。關於父親，她所知道的幾乎都是從母親那裡聽來的。

綾子的父親在她四歲的時候因癌症過世，在他去世前兩年都在與病魔博鬥，大部分時間都在住院，因此對父親幾乎沒有什麼印象。綾子唯一記得父親的樣子，是全家搭火車到遙遠的小鎮尋訪名醫的景象。在火車上的父親因為痛苦，身體縮成了一團。

父親過世後，母親含辛茹苦地養大了三個孩子。沒工作過的母親並沒有再婚，要把三個孩子養大真的很辛苦。孩子們心裡也明白母親的辛苦，怎麼也都無法違逆母親。因此從小就學會看人臉色、會遷就他人。也因為從小就在母親的嘆息聲中長大，深怕萬一母親發生什麼事該如何是好的不安，一直都在藏在心裡的關係。

記憶中不曾有過的父親，其實意外地與自己的症狀有關，她在很久之後才體認到。

綾子為憂鬱症與焦慮所苦之前、年紀更小的孩提時代，就經常因原因不明的腹痛與身體不適被帶到了醫院。其實綾子第一次發生這種症狀，就是在父親的告別式上。

被激烈的腹痛襲擊的綾子，由救護車送進醫院引起了騷動。然而綾子自己卻沒有任何父親告別式上的記憶，只隱約記得在醫院吊點滴的事情。母親在丈夫的葬禮中離席，陪在緊急住院的綾子身邊。住院期間有兩個星期之久，但檢查結果卻是原因不明。

在父親對抗病魔的期間，母親對住院的父親寸步不離，綾子大多待在祖父母身邊，她一直在寂寞中過著不安的日子。悲傷、嚎啕大哭母親的模樣，以及那種異樣的氛圍，幼小的綾子置身其中很可能無法承受。

就結果論，綾子的病得以使自己與母親逃離那樣的場合，作為逃避原因不明、不安狀況的手段來說，綾子的身心不適症其實是從四歲就開始充分發揮作用了。

父親的病亡與缺席，以綾子身上的不安症狀，以及為了逃避化為身體症狀的形式，留下了清清楚楚的印記。

・・

喬治巴代伊與父親約瑟夫

生病的父親有時候會像詛咒般糾纏，讓使孩子受苦。父親雖然已經死去，已從孩子的人生中退場，但在孩子的心底深處，父親會如幽靈般依附，在身邊徘徊。

法國哲學家也是知名文學家喬治巴代伊（Georges Bataille）的父親，就是讓兒子背負沉重十字架的例子。

巴代伊的父親約瑟夫．亞里斯地巴代伊，年輕時雖立志當醫生，但夢想並未實現，他成了一個低階官員，以在中學當會計、監獄管理員、窗口收費員等穩定但樸實的工作維生。兒子巴代伊後來也從事圖書館職員的工作，或許是不自覺地繼承了父親的公務員志向也說不定。

而人生出現重新來過的機會，是在他三十五歲結婚的時候。兩年後長男馬歇爾出生，過了七年次男喬治也誕生了。在喬治出生前父親因梅毒病發導致失明。更正確一點說，在母親懷喬治之前父親就已經是全盲狀態了。喬治是在父親得了神經性梅毒發病後才懷的孩子。

巴代伊三歲的時候，父親的行動自由也受到剝奪，他無法用自己的力量站起。父親被脊髓癆（神經梅毒的一個類型）侵蝕，因為劇痛發出悲鳴哭喊。就連小便也變得困難。喬治長大一點後，協助父親上廁所就成了他的工作。

面臨青春期的喬治，對父親有愛的同時，也對父親受疾病所苦的模樣萌生嫌惡。會這樣是因為父親不單是肢體殘障的人，他的妄想症也越來越嚴重。激烈譴責母親有外遇，有時還會施以暴力。為此，母親得了憂鬱症，還曾經企圖輕生。

巴代伊為了逃避父親，開始過著住宿的生活，也是從那個時候開始出現了反覆自殘的行為。雖然他說「這是我在鍛鍊自己忍受痛苦」，然而那樣的行為表現其實是長期受虐待者特有的自虐行為，同時也是他對從父親這個地獄逃脫罪惡意識的表現。

這樣的罪惡感，隨著父親臨終時發生的不幸事件成為影響他的重要關鍵。父親在巴代伊十八歲時去世，當時第一次世界大戰爆發，德國的炮擊威脅了他們一家居住的所在漢斯，巴代伊母子被迫留下父親離開漢斯去避難。當聽到父親病況劇變再回到家時，父親已躺在棺木之中。

頹廢到乃至荒誕的極端情色主義，巴代伊的顛覆價值如果沒有這段與父親的生活體驗恐怕不會誕生。

由於從小就負起照顧父親的責任，雖然對父親有依附情感，但巴代伊卻無法將這樣的父親視為一個尊敬的對象，並作為社會生存的模範。對於家人的依附與社會性不足的父親，抱持否定情感的這種落差，隨著巴代伊的成長日漸增強。這個落差，也使得巴代伊很難建立起堅定的自我認同。

像巴代伊那樣無法尊敬父親、無法認同父親的成長歷程，在現代家庭普遍而常見。因為憂鬱症等精神疾患使得父親無法工作的情況也是如此，孩子容易對父親抱持複雜的想法，即使對父親有依附情感。但如果父親缺乏社會生存能力、無法發揮角色任務的話，孩子就很難將父親當作模範來尊敬，並作為自我的認同。孩子希望依附的對象是優秀的大人，希望他可以保護自己、引導自己，這樣的期待當遭到背叛、嚐到失望的滋味時，此時的悲傷會伴隨著憤怒。

對依附的父親越是沒有這樣的情感，內心裡那無依無靠的感覺就會蔓延。

在這裡能達成重要任務的，是母親。母親對生病無法工作的父親抱持否定的看法，發出不滿或感嘆，孩子就會把父親視為是折磨母親的人，也難用肯定的態度接納父親。

若是母親打從心裡能愛父親，就算他生病也不忘關懷，並帶著敬意，孩子們對父親就會繼續保持尊敬。父親現在雖然因為生病關係無法工作，但在精神上會支持我們等等，接受父親也在和病魔對抗，是即使遭遇逆境也不放棄的範本，那麼就不會失去父親這個尊敬的對象。這樣做的話會讓孩子們得到更具豐富的價值與更大的愛。

第四章

父親缺席症候群

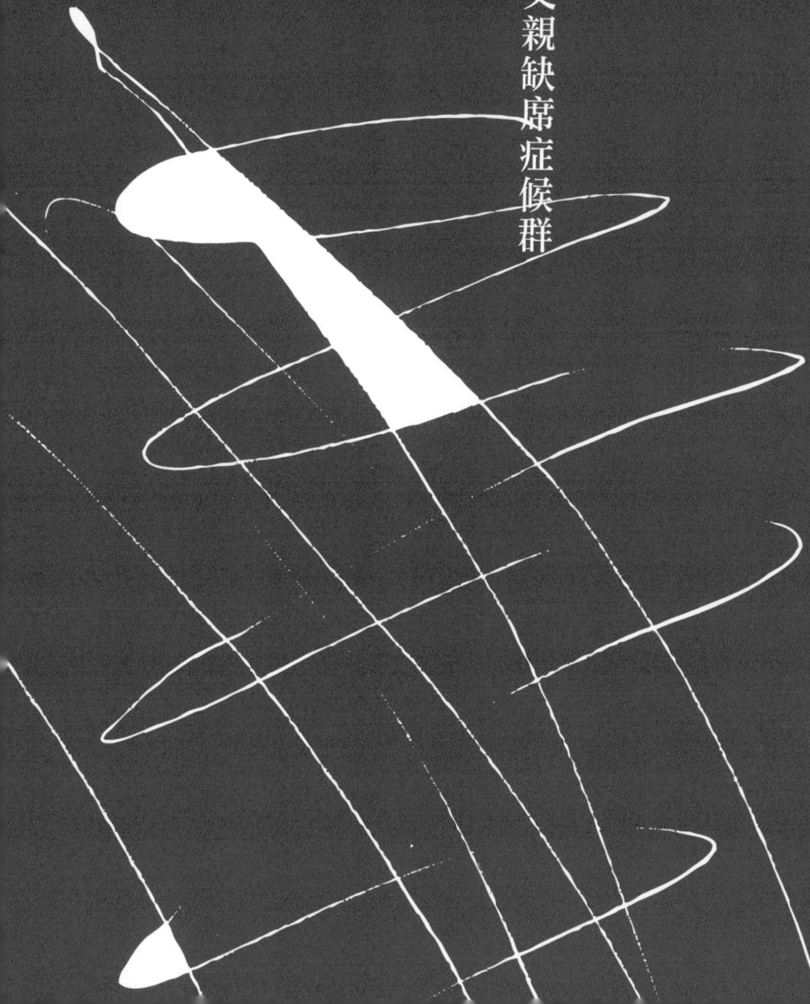

・・存在感薄弱的父親

在日本，有孩子的家庭中大約十分之一的家庭沒有父親。在美國，這個比例超過了三分之一。而這當中又有四成的孩子，有一年以上沒有見到父親。並且，有一半以上的孩子在十八歲前都有父親缺席的經歷。有專家稱這種現象為「沒有父親的社會」。

父親身影變淡，存在感變薄弱，在本書一開始我們也以父親究竟是否有存在必要來提問。依附關係崩壞急速進行的結果，不僅是社會共同體，連家族也崩壞，終於就連最後堡壘母子關係都受到危害，這就是現今的狀態。

處於這種時代的我們，之所以連對父親都失去關心的原因，就像主食都吃不飽、饑餓的人，已經不會去關心配菜和甜點一樣。然而有時候主食不足我們也會用配菜或甜點來彌補。甜點，就像你在請求情人對你支持一樣；然而即使你吃得再多的甜點，還是嚐不到真正飽足的滋味。要治療根源性的飢渴非常困難。

以這個比喻來說的話，父親也許就是副食，因為光靠主食不夠，副食含有必需的營養素。就像必需營養素不足會引發維生素缺乏症的障礙一樣，父親的缺席，也會引起「父親缺席症候群」這種孩子精神發育不全的病症。

然而，一般人對這樣的認識很匱乏，因此就加速了對父親的輕視。社會一般對這件事的重要性缺乏認知，認為把父親從孩子身邊奪走，對任何人來說都是無關痛癢的事。這種風潮的根本，並非離婚所導致，父親被迫單身赴職或長時間執勤務，迫使父親處於與養育孩子幾乎無關的狀態。這種事態帶來的不良影響，幾乎完全沒有被考慮。

・・機能性缺席也具同樣的影響

尤其，過去的父親本來就比較不會黏著孩子、照顧孩子，或是帶孩子去玩。以前的父親在孩子小的時候，只是遠遠地望著，不怎麼照顧孩子是很普通的事。即便如此，父親仍擁有強烈的存在感，對孩子的支配可說是達到絕對的地步。就算沒有完全正確，但只要是父親說的話，就不能夠推翻，是決定孩子命運的總司令，任誰也無法忤逆，以強大不可動搖的姿態凌駕於孩子之上。

即使父親經常不在，甚至連一家的生活都不顧，也無損於作為一個父親的威嚴，仍然堅實地存在孩子心中。

父親的缺席，並不一定與現實生活中父親的存在與否一致。父親的缺席，不只是如同字面上的不在家而已，也包含了父親沒有發揮功能的機能性缺席在內。即便有父親在，並且也一起生活，但卻完全沒有存在感、沒有扮演父親應扮演的角色，這種情況也很多。而機能性的父親缺席，也會導致父親缺席症候群。

有酒精上癮或賭博上癮症、只會帶給家人麻煩又不工作的父親，這種親子關係也是一種典型。這類型的孩子，雖然可通稱為成年兒童（Adult Children），卻也有持續被父親控制、對專橫父親持續奉獻的一面，或者混雜著努力去取得理想化父親來取代無法彌補的心情在內。

然而，即使在社會上已經是很成功的優秀父親，把精力和時間都用在社會的活躍上，對孩子的關心或照料都無暇顧及的話，還是會產生機能性的父親缺席問題。

父親實際上不在的狀況也是如此，父親缺席的影響理所當然地也會受到父親是在什麼時候、什麼樣的情況下離開的因素所左右。

有一出生已不在，也有在剛懂事就不在，還有已經懂事才不在的情況。依照各種不同的狀況，父親的存在感也有所不同。並且，是死別還是雙親分開，未婚生子或婚外之子等父母造成的狀況，也都會使得父親留下的影響產生很大的不同。本質上的差異在於母親是否仍愛著父親，或對父親抱著憎恨或憤怒。

母親若仍愛著父親，她就會把兩人的孩子當作父親的替代品，母親會特別寵愛。因此，母子關係容易形成穩定的關係。而缺席的父親，在母親心裡一直是正面的存在，便恰如父親一直存在、持續守護母子般，於是便保護了沒有父親的孩子。

在這種情況下，以父親的替身而被愛的孩子，因為沒有伊底帕斯情結，又因為母親奉獻自己的愛，便一直保有超自大感。特別是兒子的話，母親會把兒子當作丈夫，會把丈夫當理想的形象講給兒子聽。聽著母親希望他變成像父親一樣優秀願望中長大的孩子，會把母親所說的理想化父親當作是自己的理想形象，主動融入自己身上。

不只是對實際父親的感情，還會依母親心中的父親形象、對父親的期待等等，帶給孩子的影響也會有所不同。母親與自己的父親若關係不穩定，就容易對父親抱持否定、悲觀的想法；或有過度的期待，過度嚴格對待或百般挑剔孩子的父親。孩子對父親會產生負面印象，妨害孩子可認同的、正面的父親形象。

・・比現實中的父親更重要的父親形象

比起現實中父親是否存在，在心中擁有什麼樣的父親形象反而更為重要。所謂父親，是除了現實的存在外，也象徵著所謂社會的規則與秩序。就算生活中父親不在身邊，但由於周遭人對缺席父親投注的尊敬與畏懼，影響了孩子對父親抱持的敬意或恐懼。這個時候，最重要的就是母親心中的父親形象，以及對孩子的父親抱持什麼樣的想法。

即使父親缺席，只要母親心中有一個穩固的父親形象、對孩子的父親抱持肯定的想法，那麼孩子也能夠跨越這個父親的缺席，獲得好父親形象，並融入自己心中。這樣的影響也會連結到社會規範與秩序，以及能否在社會順利發展。

然而如果母親心中只有貧弱且混亂的父親形象，對孩子父親抱持負面想法時，孩子就無法認同與模仿這樣的父親形象。導致孩子無法離開母親，停留在與母親融合的狀態，很難融入社會。

父親的存在，超越了現實中父親的存在與否，是與孩子的心靈發展、精神安定，對社會的適應性深切相關。

・父親缺席帶來了什麼

如前所述，父親的心理、機能的缺席，在孩子的發展與自立的過程中，容易引發各種困難與障礙。父親缺席所伴隨的各種問題，形成所謂的父親缺席症候群。我們試著整理父親缺席症候群的主要症狀如下。

①依賴母親的母子融合

第一種就是對母親的依賴與分離焦慮。

從兩歲起與母親暫時性分離的孩子，到了三歲時會再度回到母親身邊黏著母親，走向所謂的「再接近期」。這個時候，孩子會陷入想要探索外界與希望仰賴母親庇護的不安與兩難。若是不能跨越這個糾葛，就會回到與母親共生的狀態。

一般認為能不能成功跨越這個時期，是左右了是否能獲得穩定自立的關鍵。在這裡扮演陪伴角色的父親非常重要。因為父親能緩和孩子的不安、牽著他的手讓他安心地走出去，如此一來孩子就能成功地渡過分離的焦慮。

這個時期，如果父親無法承擔這樣的角色，那麼孩子就會黏著母親，停滯在母子融合的狀態，在進行分離個體化的過程中挫敗。這也會使得獲得獨立的自我認同失敗。當無法成功地達到母子分離，母子持續融合時，孩子會對母親持續依賴，容易表現出對母親的支配慾、變得具攻擊，依賴中混雜著反抗的這種矛盾態度。在黏著母親的同時，會對母親有許多的要求，要是不能被滿足，就會變得具攻擊性。

以安全基地的觀點來看，這時母親不再是支持孩子探索的安全基地，而是成為將孩子吞沒其中的「無底洞」，或是把孩子關起來支配他的「收容所」了。

杏子（假名）沒有與父親玩的記憶。父親除了工作忙碌之外，假日還忙著應酬打高爾夫、參加聚會，基本上很少在家，也沒有被要求要幫忙照顧孩子、分擔家務，也因此杏子是黏著媽媽長大的。杏子從短大時代就有恐慌症障礙，雖然好不容易從短大畢業，但在這樣的精神狀態下無法就業只好待在家。然而只要和父親在一起，就會覺得好像喘不過氣似的，感覺非常不舒服。即使她明白父親對自己也很溫柔，但在生理上就是無法接受。另一方面，對母親卻可以打從心裡感到安心。因此，只要母親偶爾不在家，她就會顯得焦慮。

杏子身上最具特徵的，就是和父母親各別相處時的安心感與放鬆程度全然不同。跟母親在一起能安心，與父親在一起就感覺壓力。這種差異是從何而來的呢？

我們認為，應該是幼年時期父女很少相處，和父親沒有培養出依附關係的緣故。對父親感到疏遠，或是覺得彆扭，都是因為缺乏依附情感的關係，所以才會覺得就像跟陌生人般感覺很不自在。

為什麼父親跟杏子沒能培養出依附關係呢？乍看之下的原因或許會被認為是因工作忙碌，父親沒有什麼時間與杏子相處。但按照杏子的說法，即便是父親假日有空，他也不太喜歡跟孩子玩，即使是一點身體的觸碰，他都顯得好像很討厭似的，有時候甚至還會遭到他的怒罵。於是，她便不再接近父親。

為什麼父親會是這樣的態度呢？可能是因為工作讓他筋疲力盡、沒有餘裕再跟孩子相處吧？但是，父親還有一個更重要的原因，那就是在他懂事之前，他的父親已經過世了，是母親將他一手帶大的。父親自己就是在不知道什麼是父親的情況下被撫養長大，在他心中缺乏具體的父親形象，肯定是不知道該怎麼對待女兒杏子。該怎麼跟女兒相處？該用什麼方式照顧？與其跟孩子一起不如忙於工作還比較能掌握狀況，能輕鬆一些吧。

在母子分離時遭遇挫折，容易變成黏著母親的狀態。就像這個個案一樣，對母親的依賴與焦慮感很強烈。

缺乏父親關愛的杏子，無法跨越伊底帕斯階段，便留在與母親融合的狀態中。不管是要忍受現實的殘酷，或要踏出社會、確立自我，都變得無法順利進展。

放棄對母親的執著這個過程，是要克服與面對所有不能如願的事物都是敵人、都是不好的，這種二分法的觀念，也是關係成熟的必經之路。從不能理解接受、進而產生攻擊的階段，導向不能如願也能接受、理解、認同的新階段。正因為有父親這個第三者的存在，使得在無法如願情況下的孩子能夠跨越這個階段，加快這個進程。

②誇大的願望與薄弱的自我控制能力

如同我們在第二章內容所述，父親擔任的一個重要角色是對孩子說不。不行的事情就是不行，將社會的規則與現實的嚴酷如實地教導給孩子。作為孩子第一個認識的外人，要對孩子什麼都能被允許的萬能感踩下煞車，讓孩子實際體驗什麼是自己的極限。放棄幼兒的誇大自我、沒有極限的慾求，用對父親的敬意與認同的形式，才能與現實產生妥協。將父親的教導或行為，逐漸內化，成為孩子自律行為的規範與信條。

父親的缺席，會使得這樣的過程變得更加困難。如果有人可以替代父親的功能，問題就不大。但是若給予過度包容或過分寵愛，孩子心中就不會孕育出自律的煞車機能。誇大的萬能感與過度的自我表現就會這麼殘留下來，於是容易產生與現實間的重大落差與違和感。那將會妨害孩子對社會的適應性。

安東尼．德．聖修伯里與父親尚

以《小王子》、《夜航》等作品聞名的作家安東尼．德．聖修伯里，他的父親尚生於伯爵世家，尚也跟兒子一樣，有翹課的習性。雖然進入了士官學校，卻輟學了。尚的父親是曾經執掌四個縣市的副首長，但因害怕會被捲入政爭，轉職到保險公司工作。因此他也希望不太能幹的兒子能從事同樣的工作。

在這樣的背景下，三十三歲的尚跟後來成為他妻子、小他十二歲的瑪莉邂逅時，他正在保險公司當調查員。夫妻倆非常恩愛，好像每年都要生孩子似的，在生了五個孩子後，尚以四十一歲的英年早逝。他在車站的候車室中腦中風發作，在妻子的懷抱中嚥下最後一口氣。

安東尼是第三個孩子，排行最中間，由於是長男，因此特別受到母親的寵愛。父親猝逝之時，安東尼才三歲，對父親幾乎沒有任何記憶。而父親遺留下來的，是重大的缺席，與盡力想要彌補的母親的愛。

當然，這個缺席無法完全填補。天真爛漫同時腦筋靈活的安東尼，巧妙地運用了父親的缺席。把母親一概不責備當作好機會，擺出一副唯我獨尊的樣子。他因而被稱為「太陽王」，還準備了他專用的「寶座」。他想要永遠獨占母親，特別要纏著母親說話，要等到母親願意停下來跟他說話，他才肯放母親走。

不安定、對事物容易感到厭煩、缺乏注意力、不停惡作劇的性格，所以當他一開始上學就成了問題兒童，這也是必然的結果。

聖修伯里的案例，可以說是因父親缺席導致母子共生關係持續的典型。因此他那不成熟的自我誇大感都被保存了下來，無法培養出自我控制的能力。一直到長大成人都還可能有做什麼都可以被允許的想法，這是因為沒有人會用嚴厲的眼光審視他，指導他在社會中應有的言行舉止。

有專家說，為了讓男孩學會身為男性應有的行為規範及自我認同，在五歲前必須與父親有充分的肢體接觸才可以。

像過動或注意力不集中、衝動性的ＡＤＨＤ（注意力缺失／過動性障礙），目前的發病率以日本來說是占兒童的百分之五，而美國則接近百分之十。在急速增加的背景下，無疑地是不穩定養育環境帶來的影響，而父親的缺席和虐待一樣被認為是惡化的原因之一。

哲學家尚保羅．沙特出生的時候父親因為已經戰死，因此他一個人獨占著母親長大。他曾表示「我身上沒有伊底帕斯的糾葛」。在不懂伊底帕斯的糾葛與去勢不安的狀況下長大的沙特，保存著萬能感的誇大自我，同時也成為牽引他成功的力量。

尤其是母親的再婚，讓沙特嚐到從溫水中被解放出來的滋味。從那個時候開始他產生行為上的問題，他去偷東西，祖父也不再寵愛他。

長大之後沙特那幼稚的自我愛，變成了妄自尊大且對他人缺乏同理心，對他的社會化生活與愛情生活也投下了陰影。沙特從年輕時代開始，便無法停止獵豔，與西蒙波娃的契約婚姻也沒有獲得穩定的家庭生活。和聖修伯里一樣，一生都沒能成為父親，也沒有養育過孩子。

③有強烈的不安全感、抗壓性弱

第三個特徵是有強烈的不安感與抗壓性弱，這也導致社會適應的困難。這都是因為父親這個庇護者缺席，並且是該引導孩子走向外界，以及教會孩子現實嚴酷的父親缺席所帶來的。父親是嚴酷現實存在的象徵，同時也是幫助孩子進入社會的促進者。當這樣的人物在成長過程中缺席，孩子就會停留在不切實際的幻想中，使得他在必須與外界確立現實的自我認同時，門檻變得更高。實際上在幼年時期父親缺席的孩子中罹患憂鬱症風險，或覺得自己不幸的人的比例是比較高的。

無法跨越這個階段的孩子，容易產生挫折感，只能和全面接納、保護自己的人相處。只要稍受責備或攻擊，就會受傷到無法再站起，因為他很難拋開不愉快。

實際上有很多研究證實，父親不只能夠督促孩子自立，對於提高壓力的復原能力也有幫助。幼年時期獲得越多父親的照顧，在發展上就越順利，抗壓性也越強，社會的回應性也容易提高。

④不擅長三人關係

第四個特徵就是對三人關係感到棘手。比起複數關係，更喜歡一對一的關係，只有在一對一的關係中才能安心地表現自己。由於有父親的存在，孩子才被引領到三人關係，從複數人際交往關係中，學習、分享與活動。從幼年時期開始，充分與父親產生同感的相處中，就能脫離與父親的糾葛，在比兩人關係更難按照自己意思發展的三人關係中，學習到如何相處和睦。

若因心理上、功能上的父親缺席，使得母子融合狀態持續的話，那麼對於第三人的出現只會覺得他是妨礙者，並對於自己不是唯一被特別看待的三人關係，感到強烈不滿與疏離。而在三人關係中的相處困難，有可能會成為日後不適應團體生活的原因。

此外，在一對一的關係中，會對對方提出過度的要求，因此很難建立起對等與良好平衡的信賴。如果關係親密的話，會過度的依賴或獨占，致使關係變得過於緊密。於是，當對方受不了時，最後就會離開。所有這些特性發展到最後都會在自立上產生困難，或是在伴侶關係、教養上呈現出問題。

近來有專家認為，對於具伊底帕斯時期特徵的親子三角關係的自覺，是發生在更早期的階段。大約在一歲半的時候，孩子會開始自覺到不單只是自己與母親和父親有連結，父親與母親他們個別也具連結關係。在三人關係中，為了讓孩子感到安心沒有被疏離，要在更小的時候就開始與父親建立安心連結。如果這個時期父親缺席，或是這個關係是有創傷的話，就無法擁有穩定的三人關係，那麼很快地也會演變為「三角關係」，引發彼此的壓力與角力。

知香（假名）的父親在她出生那年因調職的關係，非常忙碌，還經常到國外出差，一年有一半以上的時間都在國外。當要被問到：「爸爸呢？」當時才兩歲的知香就會指著天空說：「飛機。」

中小學階段和父親不太親近，說他在不在都一樣，其實也是她真實的感受。父親對知香並不關心，就算她回到家跟父親道聲：「我回來了！」父親也少有什麼回應。

然而有一次讓她感到驚訝的是，她聽到姊姊回家說：「我回來了。」父親還到玄關迎接。這樣的差別對待，讓知香當時受到很大的打擊。一直都對自己態度漠然，對姊姊的態度卻迴異，讓她深切感受到這絕對不是她想得太多。

幾年前，就在父親過世之前，知香決意要詢問父親，「爸爸，你從來就是認為姊姊比我可愛吧？」

或許她心裡還期待著父親會否認這句話，然而父親並沒有否認，他只是一臉抱歉地回答：「因為我們在一起生活的時期不同。」

的確，姊姊誕生時，父親還沒有調職，也不必到國外出差，過著每天準時上下班、回家幫忙照顧女兒的生活。也許因為是第一個孩子的關係，所以很熱衷地幫忙照顧，和知香出生後有很大的差異。因為工作調職的關係，便沒有什麼餘力再去關照孩子的事。

因為曾經在育兒上確實地用心，因此父親與長女之間培育出穩定的依附關係。一個不經意的反應也會透露出親密度和感情。

知香黏著母親，有強烈的不安感，個性內向；相對的，姊姊個性活潑、很早就獨立，具有自我主張。當然，或許也有先天上的差異，但受到父親疼愛、獲得更多照顧的姊姊，可以說應該是較能順利跨過母子分離的階段吧。

知香感到棘手的狀況之一，是三人關係。如果是一對一的關係，她還能夠安然地相處；一旦變成三人關係，心裡就無法穩定下來。而這件事顯著地表現在她與某個男性的關係上。

出社會工作後，知香喜歡上一位男性。在交往不久後，知香知道他與其他的女性同事關係也很親暱。她感到非常震驚。然而即使知道自己被劈腿了，仍無法死心，維持著藕斷絲連的關係。但當他們兩人決定結婚後，不得已還是得分手，但這樣並沒有結束。知香回應了對方的要求，又回頭了。在那段剪不斷理還亂的外遇關係中，知香變得非常焦慮。

後來想想，對方並不是個令她渴望淪陷的對象，只能說三角關係讓知香失去了理性、陷入了混亂。當對方不屬於自己時，反而讓她更想要擁有。

想要完全擁有對方的這種強烈獨占欲，與父親缺席、停留在與母親的心理融合階段有關。就像獨占母親般，非得獨占戀人不可。

三角關係的狀況就如同陷阱一般，會把這類型的人牽引過去。容易陷入不倫關係，很多都是來自被這種力量的牽引。

獨占欲的強大，不只在三人關係，在兩人關係上也會帶來困難。

知香在有距離的關係中，完全沒有問題，然而當一旦發展成親密關係時，就會越來越依賴對方，想要獨占對方。加上會無邊無際地要求對方，不久之後對方就會感到筋疲力竭，露出厭煩的表情。但知香非但不能忍受這樣的對待，還會引發怒火，最後對方就會丟下一句「我顧不了你，你自己好自為之」，便離開了知香。

⑤對學業或社會的成功也有影響

根據過去的研究，與父親的關係對男孩在學校或團體中的適應力，或在行為上都會產生影響。而且不只在這個時點，也會在將來影響孩子的適應性與行動力。特別是父親影響的增強是從十幾歲的時候開始，父親缺席影響的顯現也多半會在青春期之後。

因為在迎接青春期之前，即使只有母親也不會覺得有什麼問題，開始覺得這樣的狀態應該有辦法度過時，往往這時就會失敗。男孩對父親的認同，在他的成長上具有重要的意義，但是父親的缺席，特別是負面含義的父親缺席，會妨害孩子自我理想的發展，對社會或人生種下否定的想法，缺乏上進心，容易自暴自棄，顯得消極無力。

然而，女孩的話就能免於受到影響了嗎？近年的研究顯示出完全相反的事實。事實上，與父親的關係對女孩的影響，並不亞於母親的重要性。

根據青年女性自我發展與學業成績和父親相處關係的調查研究顯示，與父親關係越好，自我發展越良好。

尤其是在自我發展優異的群組裡，女兒受到父親的照顧，一起玩、運動，或是自由地交談。顯示出中等程度的自我發展群組中，父親表現出批判，或總是會說些打擊女兒自信的話。特別是自我發展不佳的群組，父親更表現顯得冷淡、漠不關心。

在其他的研究中，曾根據學業成績與社會能力將女學生分為三組，調查她們與父親的關係。

學業成績與社會能力都優秀的第一組群中，女兒們都認同父親的精力充沛、積極正面、富有進取心。即便意見不同時，也覺得父親會支持自己。

成績好、社會能力低的第二組群當中，父親都被女兒視為是不親近、囉唆的人。

被評價為學業成績差、社會能力高的第三組群中，父親思想古板，覺得女生只要結婚生子就好，並不關心女兒的學業。

最近另一項研究發現，職場成功的女性，父親對女兒都具有高度的期待，會支持與關心女兒學業。

以一九六〇年代從ＭＩＴ（麻省理工大學）畢業、無論在職業生涯或是家庭生活中，都獲得充實人生的女性為對象所做的研究，她們在十幾歲的時候，與父親之間擁有特別的信賴關係，父親激發了女兒的好奇心，鼓勵女兒主動去研究、自己做判斷。父親不單把女兒當「女孩」看待，還視為是一個具有獨立人格的人，信賴女兒的能力，積極地參與與女兒揮汗合作的活動。

這和只有在假日才一起休閒娛樂的父親有所不同。然而，這無疑地遠比父親缺席或沒有任何相處、關心好得多。

此外，讓人特別感到興趣的是，在她們幼年的時候，父親並沒有特別達成什麼樣的任務。她們與父親的特別關係是在青春期之後。

這樣的父親參與，促使女兒與母親分離，幫助她們開創自立自主的道路，這是這篇論文的著作者所下的結論。

父親的缺席，將使得這樣的過程變得更加困難。

⑥性的自我認同混亂

對女兒來說，與父親的過度認同，是一種補償性的作用，起因多半是母親依附關係的問題，或是母親的角色沒有良好發揮。父親的缺席如果讓母親感到不幸的話，女兒在母親身上就無法找到可以認同的形象，將來對於身為一位母親或女性的角色就會顯得消極，或是違和感。

另一方面，對男性來說，認同父親、脫離與母親的融合，擁有新的自我理想，可以說是在社會的自我確立上非常重要的過程。萬一父親的形象不佳，無法將父親當作是自己的模範或理想；或父親過於暴力、因而產生抗拒；或是在父親缺席的情況下，認同化的過程中就會不順利。這個孩子將來在身為男性的自我認同或社會適應容易產生困難。有時還會導致性認同的混亂或障礙。

性倒錯者通常有心理上的父親缺席，或是輕視父親角色的傾向。以性倒錯的患者為對象所做的研究中，也視為是父親功能缺失的問題。以母親的過度支配或母子分離失敗的觀點來看，往往會把問題歸咎在母親身上，然而這只是問題的一半，剩下的一半或許是來自父親的角色沒有獲得充分發揮的關係。

海明威與兒子葛雷高利

前述的海明威對母親顯出露骨的憎惡，對母親只有惡言相向，卻對自殺的婦產科醫師父親親近，認為父親是母親的犧牲品。海明威和父親一樣，對狩獵和戶外活動有興趣，並以這種男性的生存方式為榮。海明威精悍又堅毅的生存方式，與他的暱稱「Papa（爸爸）」同樣都是他的註冊商標。

然而這只是展現於外的一種姿態。現實生活中的海明威絕對稱不上是一個好「爸爸」。第一次和第二次婚姻所生的孩子，都嚐到了失去父親或父親缺席的滋味。孩子們只在特別的時間才見得到父親，海明威也只有在那個時候才展現出好父親的樣子，對孩子來說，如果能有經常陪在身邊、關心自己的父親，那不知道該有多好。然而那卻是個無法實現的願望。

現在有許多孩子都有這樣的境遇，海明威的兒子葛雷高利也是其中一人。

葛雷高利是海明威和第二任妻子寶琳所生的第二個孩子，因為與第一任妻子還有一個孩子，所以是海明威的第三子。海明威與寶琳離婚是在葛雷高利七歲的時候，親權由寶琳取得，因此在那之後海明威與葛雷高利，只有偶爾休假時相處一起。

可是葛雷高利卻強烈地希望自己能獲得父親的認同。他想要顯示自己有作家的才能、曾寫過優秀的短篇。父親非常高興，但真相卻是他剽竊了屠格涅夫的作品。

葛雷高利像父親一樣喜愛騎馬、打獵等戶外活動。同時他似乎是受祖父隔代基因的遺傳，也進了醫學院。可是在那時候他已經顯現出精神問題的癥兆，耽溺於藥物與酒精之中。

即便如此，他在醫學院畢業後仍從事醫師的工作，成為開業醫師後，並經營出良好成績。然而他無法戒除毒品而被吊銷醫師執照。和他父親一樣結了四次婚，但最後卻與精悍形象的父親走上恰恰相反的道路，他捨棄男兒身，接受了變性手術。

為了能獲得父親的認同，活得像男人對葛雷高利來說或許已成為一種沉重的負荷。然而即使變性後他的精神狀態仍不穩定。還曾因裸體站在高速公路的中央分隔島而遭逮捕。

即使作為一個醫師十分成功，但他卻仍找不到真正的自我認同。葛雷高利的自我否定與自我不協調感如此深植，就是因為被本來應該成為模範的父親拋棄，所造成的心靈傷痛吧。

對男孩有很大的影響

父親的缺席，雖然對男孩和女孩都有影響，但是大家都知道對父親認同、在父親身上找到自我理想，對必須開始在社會起步的男孩來說，更容易造成深刻的影響。

在一項針對離婚後母親與孩子一起生活的調查研究中發現，男孩在成長中發生各種問題的情況占大多數。男孩在雙親離婚後，容易在學校發生各種問題，以及做出不良行為或反社會行為，還有蝸居在家足不出戶、陷入社會孤立等的自我認同問題。

雙親離婚多在孩子四歲到七歲之間，但是在孩子還小的時後就離婚的情況下，影響時間會拉得比較長。憂鬱症、輕生、身心症，還有精神疾病的風險都比較高。當然，我們也認為這當中和離婚後產生的經濟生活困難等複合要素也有影響。

由於父親的缺席，必然與母親形成更為緊密的連結，但這樣的融合過於持續的話會產生有害的一面。共生狀態越長，男孩就越容易變得纖細、容易受傷，很難脫離那個感覺良好的溫水帶。

對男孩來說必要的是脫離與母親的心理融合狀態與支配，才能完成一個男人的獨立，然而他們卻找不到可供學習的範本。

為了讓這樣的弊害減到最小，身旁若有可替代父親的人物存在的話就會有所幫助。如果很難在周遭找到這樣的人，母親就必須擔任起父親的角色。然而，當過於替代父親，卻疏忽母親的角色時，也會產生弊害。能力太強的母親，就連父親角色的分額都用來守護孩子，那麼兒子將因而變得無法成長為真正的男人。

在父親過世而缺席的情況，母親還可以和兒子談談父親，告訴兒子如果是父親的話會這麼說、那麼做、會希望是這樣那樣等等，在孩子心中給予他一個男性的風範。

⑦夫妻關係或育兒的問題

受到父親缺席影響另一個重要面向是，將來孩子成為父母時養兒育女的方式。很多人會對要不要有孩子感到猶豫。即使很高興為人母為人父，也有很多個案都顯示，他們並不知道要如何當一個父母親。

由於父親缺席導致無法通過伊底帕斯階段的人，不僅無法接受自己成為父母，有的人甚至會有近乎恐慌的強烈焦慮。如果只有夫妻兩人，關係還可以維持，但有許多人在有了孩子後就會開始變得不知如何是好。因為有了孩子後就無法獨占伴侶，甚至會將孩子視為對手，被那種遭到拋棄的想法所困，使夫妻關係產生裂痕。

然而，也有不少個案是由於有了孩子後，透過父親照顧孩子的體驗，克服了自己內心父親的缺席。

・・約翰藍儂與父親艾佛瑞

約翰藍儂的父親艾佛瑞九歲時成了孤兒，在利物浦的孤兒院長大，後來選擇船員的職業。他與約翰的母親茱莉亞史坦利相遇的時候，是軍隊運輸船的伙伕長。他個性陽剛、及時行樂，不是一個可以安穩居家的類型。然而他的行為也有些問題，素行不良常遭警察關照。

母親茱莉亞的父親在大型企業工作，母親是律師，家境良好。然而對茱莉亞來說，這樣的家庭反而讓她喘不過氣。長大成人之後，她反抗雙親、追求自由享樂，性格非常奔放。最後，她迷上了出身不明的船員，在不顧雙親的反對下結了婚。

然而這場婚姻很明顯是失敗的。丈夫航海偶爾才回家，即使回到家來了也不顧家庭，過著只要有錢就繼續玩樂的生活。航海中只有想到了才會寫信回家，但生活費總是斷炊。完全被丈夫棄之不顧的茱莉亞，藉由不斷外遇慰藉寂寞，甚至還懷了孕。連照顧約翰也不盡如意，約翰呈現出被忽略兒童最具特徵的情緒不穩狀態。

發現茱莉亞外遇的艾佛瑞，要把兒子帶走。在父母雙方的拉扯與爭戰下被迫選擇一方，約翰迫於無奈只好回答：「我要跟爸爸走！」得意洋洋的艾佛瑞將約翰留在身邊，然而當茱莉亞要離去時，約翰卻又哭著追上去。這件事情在約翰幼小的心靈留下了傷痕。

然而，無論是父親或母親都明顯地欠缺養育孩子的能力。實際撫養約翰的是茱莉亞的姊姊伊麗莎白與他的丈夫喬治。因為兩人沒有孩子，所以把約翰當作自己的小孩撫養。

伊莉莎白總愛擔心、有些嘮叨，相對地喬治總是冷靜、溫柔地守護著約翰。約翰在日後之所以可以穩定下來，不只是從伊麗莎白身上獲得母愛，也得到了喬治所給予的父愛，相信這對他是很大的助益。

但是喬治卻在約翰十四歲時腦溢血猝逝。在那之後的約翰又與茱莉亞重逢，同時也開始反覆不斷的反抗與問題行為，此時光靠伊莉莎已無法理解青春期的約翰了。

喬治對他的照顧顯然比親生父親更受到他的喜愛。約翰與雙親的分離帶來的心靈傷害不可能完全復原，然而喬治健在的十年可說是他人生中過得最為安穩的日子。

然而，後來約翰拋棄孩子與家庭和小野洋子在一起，尋求兩人的關係來拯救自己，也是因為他苦於父親或丈夫這樣的角色，無法讓他打從心底感到幸福。這或許是「父親這種病」所造成的結果。

‧左右著與丈夫或兒子的關係

由於男孩多半以父親為模範，對於父親這個範本缺席，容易使得他們不論是身為男人或父親，在行為表現上產生困難，在感情經營與養育孩子上也容易發生問題，這應該也是可以理解的吧。

那麼女性的狀況又是如何呢？女性通常多半以母親為模範，因此只要母親或與母親的關係沒有問題，父親的缺席是否就不會造成太大的影響呢？看起來，這個答案是否定的。

在瑞典進行的調查研究結果令人驚訝。女性與伴侶或丈夫、兒子的關係，受到與父親關係的影響比母親還要大。父親從孩童期到青年期若給予女兒適當的支持與鼓勵，則女兒對自己的伴侶或兒子比較容易表現出恰到好處的照顧與相處。然而不幸的是，若父親漠不關心或是具暴力，或過度干涉支配的話，則女兒也容易發展出不平衡的相處。有時是自己認為過度付出，但對方會覺得是被控制；或有的是不負責任、棄之不顧這種極大的落差。

我們在後面的章節會談到，父親的缺席使得女性會對丈夫或對兒子有過度追求理想化的傾向。在那樣的情況下容易產生強烈的失望與憤怒，變得比任何人都難以追求到想要的安穩家庭生活。

第五章

對父親的渴求

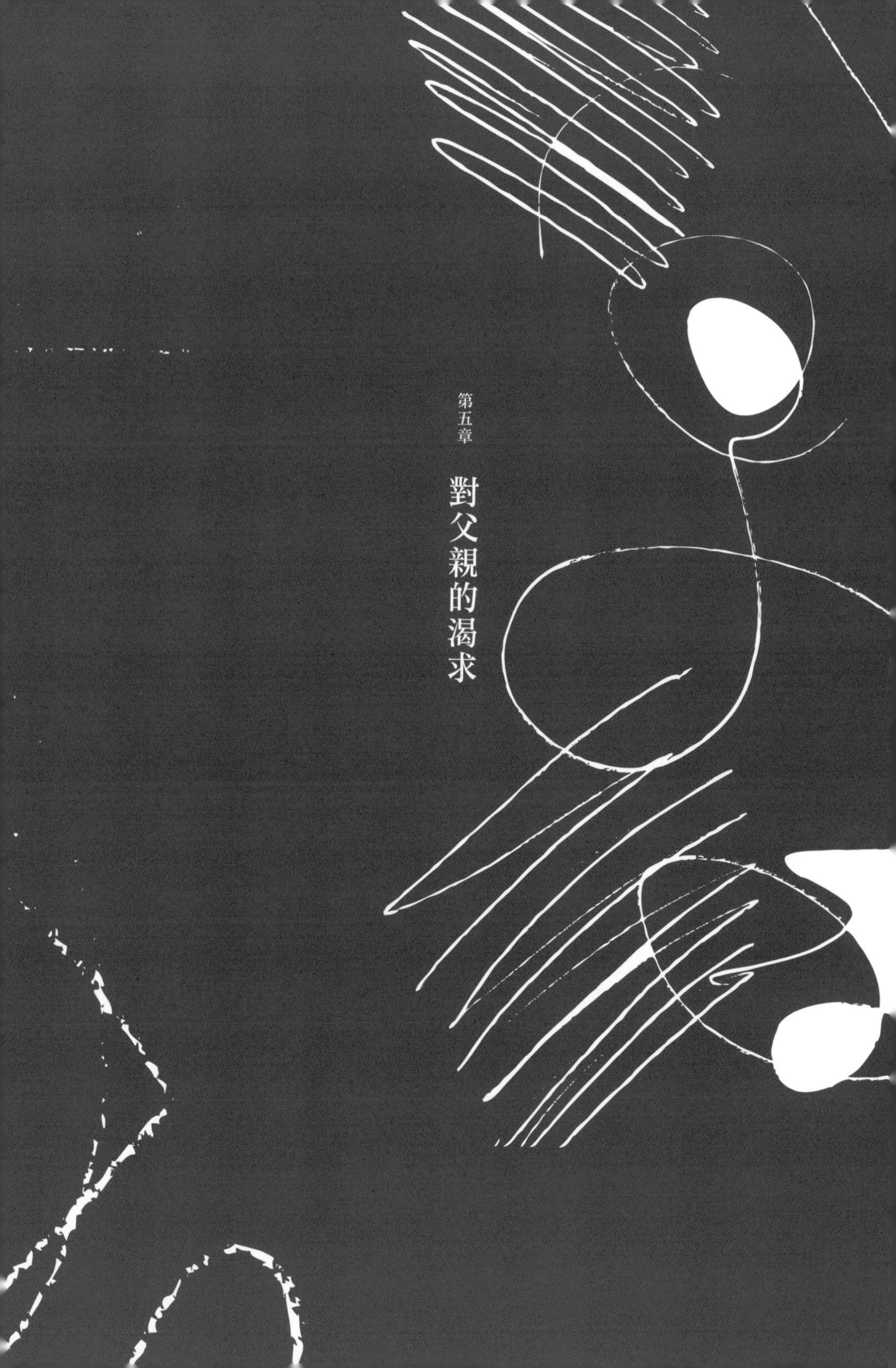

父性飢渴

不論是能幸運擁有理想父親或是無法擁有，孩子都會一直渴求父親。幸運獲得理想父親的孩子，會尊敬父親、認同父親，並遵從他的教導，持續追求父親的認同。

另一方面，沒有如此幸運的孩子，會想要恢復受損的父親形象、彌補其不足，並追求替代理想父親的人物。

不論是執著於偉大父親或繼續追求理想的父親，這些束縛將會成為編織孩子人生重要的縱線。

現實的父親若在眼前，恰到好處地被滿足，或讓孩子嚐到適度失望滋味的同時，幼年時期理想化的幻影，會逐漸被修正到符合現實大小的願望。

然而，因為缺席的關係，所以追求父親的心強烈，有時候會呈現一種稱為「父性飢渴」的狀態。從對現實父親的失望轉而追求虛無的理想父親。

夏美（假名）的父親在夏美小學四年級的時候去世了。夏美非常尊敬在大型電機製造商擔任技術工作的父親，父親也特別疼愛夏美。

父親過世後沒有留下什麼積蓄，生活很快陷入困境。母親為了養育孩子振作起精神，透過介紹開始工作。母親年輕、漂亮，有魅力，在一家保險公司擔任營業員，很快地在工作上嶄露頭角。為了幫助從早到晚忙著工作的母親，夏美扛起了家事。

在全家都是女人的情況下，生活上總會有些不便的地方。有時候需要換燈泡、做木工、水電等工作時，以前這些雜事都交由父親包辦。這個時候，平日堅強的母親就會嘆著氣說：「妳爸爸要是還活著就好了。」有了幾次這樣的經驗後，當後來又有這些雜事時，夏美就會表示：「讓我來吧，不要緊的，交給我吧！」

一開始雖然擔心會有危險，但看著夏美好像能輕鬆地完成，母親瞇著眼笑了。從此之後過去父親做的事，就成了夏美的工作。從那個時候開始，夏美的夢想就是要像父親一樣念工學院，成為一個像父親那樣的技術人員。

現在回想起來，可能是想替代死去的父親吧。不只是想要認同父親，夏美還想替代母親的丈夫這個職責。

然而，這樣的想法卻遭母親的作為所粉碎。夏美小學五年級，某一天半夜，她睜開眼發現找不到母親，心裡覺得害怕，母親到天亮後才悄悄回家。她不知為什麼，就是不敢問母親到哪裡去了。

後來母親經常會偷偷離開。過沒多久，母親就介紹一位在工作上很照顧她的男性給夏美姊妹認識。

她馬上聯想到，這個人就是常常和母親偷偷見面的人。因為是某家公司的老闆，看起來很有威嚴卻又平易近人。夏美表面上跟他表現得很親近，但內心卻很討厭母親跟那位男性親暱撒嬌的樣子。

雖然想好好地保護母親，但母親畢竟還是去了男人那裡。她覺得死去的父親很可憐，只有自己才是最珍惜父親的人。夏美在這樣的想法下，拚命地用功念書，因為想成為像父親那樣的人，唯有努力讀書。

想要進入工學院，但數理科目卻無法取得好成績；而受大家矚目、吹捧的，卻是夏美的美貌與女性魅力。她被挖掘當模特兒還登上了雜誌的封面。然而雖然做這樣的工作，但夏美卻無法對此熱衷。

結果她沒有考上工學院，進入了私立女子學校。即便如此，她還是去父親過去任職的製造商報考儲備幹部。因為對父親的憧憬，以及想要證明她自己對父親的忠誠。

然而現實是很嚴峻的，報考的結果並沒有獲得錄取。

雖然想像父親那樣成為專業人士、靠自己的技術生存，但實際上她卻是對接近她的男性撒嬌，倚靠他們的親切與溫柔來生存。這些親切與溫柔其實都暗藏著另有目的的想法，然而她連這些也無法察覺；或者是雖然知道，卻假裝不知道而利用了他們。結果，她與靠男人感情生活的母親並沒有什麼兩樣。

之後，她認識了一位從事技術工作的男性。個性雖然沉默寡言，只有在談論自己的工作時眼睛會閃爍著光芒。她覺得他很像死去的父親。

她跟他結婚只是想過著樸實穩定的生活，她想要跟這個人建立平凡、幸福的家庭。然而事與願違，丈夫一個人在讀書或玩電玩時才顯得開心；兩人相處，像在吃飯時彼此也沒有什麼交談，夏美覺得孤獨極了。

她不想承認自己的婚姻失敗，一心只想繼續自己的婚姻生活。然而不久之後，夏美逐漸對假裝一個幸福的家庭主婦感到疲憊。夏美覺得沮喪，不知道該怎麼辦才好。

夏美決定與丈夫離婚，因為想要找回像自己的生活方式。雖然她並不清楚自己想要的生活是什麼，但是她只是希望自己不要停下來，能繼續前進。

夏美的自我認同中，對父親存在抱持的憧憬，在不知不覺間模仿起母親的一部分生存方式，是在混合又分裂當中產生的。夏美欠缺了母親那樣的堅強與能量，又缺乏父親那樣的技術才能。夏美身上具備最大的武器，就是撩撥男人心的脆弱與纖細。夏美無法接受自己的特性而感到痛苦，又因她有著必須像父親那樣才可以的使命感，於是便成了悲劇。

若沒有父親去世的不幸，她不會對母親感到失望，也不會對身為女性的自我產生認同的困難，更不會無法脫離父親、被自己理想化的男性耍得團團轉。那都是想要盡快找回失去的父親，令人敬佩的一個女兒對父親的思念。對夏美來說，那也是強加在自己身上過於嚴酷的使命。

‧‧成為亡靈的父親

與父親的生離或死別，有些是在孩子有記憶之前。對孩子來說，應該不存在的父親，很奇妙地因為缺席反而更顯示了他的存在。家人所表現出的行為舉止，就好像不存在的父親還依然存在似的。孩子對根本不記得見過的父親，因為他的缺席，而屢屢被理想化，如神話般的存在，而將他過度放大。於是，不存在於記憶中的父親，恰如亡靈般持續地纏繞著孩子的人生。

・莫迪里安尼與女兒珍妮

巴黎畫派的畫家莫迪里安尼，在極度貧困時死亡，當時妻子珍妮還懷有九個月的身孕。在丈夫死後第二天，她趁著家人不注意從五樓窗戶縱身一躍，追隨丈夫而去，腹中的孩子也隨著母親而來不及誕生。但實際上莫迪里安尼與珍妮還有一個女兒。

當時她兩歲，名字與母親一樣都叫珍妮。這個遺孤被義大利的莫迪里安尼家帶回，由祖母和伯母們撫養。珍妮長大後專心致力於美術研究，專研梵谷和巴黎畫派。之後，她研究了父親莫迪里亞安尼的生平，並寫了一本著作《莫迪里亞安尼——人與神話》。

自從兩歲時與父親分別後，珍妮雖然對父親的樣子沒有記憶，但父親莫迪里亞安尼卻一直活在她的身邊。因為在成長過程當中無論什麼事，她的祖母或伯母都會加上一句「妳那可憐的爸爸」。珍妮要去上學前擦皮鞋用的那塊布就是父親留下的衣服一角。

因為在種種的追憶話語中長大，所以雖然對父親沒有什麼印象，但在珍妮心中，父親有著確確實實的存在感。那種存在感比實際存在還強，她可說是體會著這種滋味長大的。

雖然在她的研究著作中，是用非常學術的體裁來書寫，只淡淡地記載了事實。然而他冷靜、客觀，不耽溺於情感的觀點，只想真實地掌握它的原貌。

唯一的例外是在序文中。序文中透露著她一直背負的存在本身就是個悲劇。不用說，自然是因為她不只年僅兩歲就喪父，母親也棄她而去的緣故。

關於丟下自己隨父親而去的母親，她只有極為簡潔的描述。而且大部分描寫的都是母親的葬禮。因為母親的死是自殺的關係，像是要掩人耳目似地，她的葬禮極為簡樸。

相對的，父親莫迪里尼亞的葬禮，就像已經預言了他將來獲得的讚譽似的，前來參加的人擠得水洩不通。當敘述完這些內容，珍妮的書就此畫下了句號。

珍妮之所以會進入美術研究的世界，應該也是想要切身感受父母生活過的世界，他們用生命去奉獻的美術吧。

而留下有關父親的、具學術價值的著作，也是她想要追憶卻沒有任何記憶可供回憶的焦慮下採取的最好方式吧。不只是透過祖母與伯母們所說的話語，也透過客觀的資料，更靠近父親這個人物存在的真實。無疑地這些是一般和父親生活在一起，只要有充分的時間就可以了解，不會一直被心裡的想法糾纏的人不同。然而就連對父親的回憶錄都寫不出的她，才會想要以學術研究的形式來更貼近父親吧。

在父母缺席中成長的孩子，會想辦法填補父母的缺席。也因為父母的缺席，更促使他們強烈地意識到父母的存在，進而想要以某種形式去補償，甚至會過度補償那份無論如何伸手都觸摸不到的親情。

我時常會碰到因父親缺席而渴求父親的個案。

作家水上勉的兒子窪島誠一郎就是這類個案的典型。窪島是水上勉在生活極度貧困時生下的孩子，因為生活困苦而拋棄了他。之後，雖然由養父母撫養長大，但當他知道自己不是養子後，開始調查自己的身世，而發現自己是作家水上勉的兒子。他寫信給當時已是暢銷作家的父親，最後終於得以重逢。水上也接受了這個連他的存在都遺忘的兒子，而有了密切的往來。並且由兒子陪父親度過晚年，照顧他到最後。

還不到一歲就分別，三十年以上未曾謀面的父子，本來應該不存在著依附關係，但是窪島卻對父親做出超越一起生活的親子奉獻。他閱讀父親所有的著作，獻出絕對的尊敬，為父親說話，甚至連自己也都可以捨棄。

相對的，對同樣經歷生離的親生母親，他的態度就顯得十分冷淡了。如同他自己的紀錄所載，即使母親寄東西來，他連一封信也沒有回過。當親生母親自殺，他對她的死亦表現冷淡。可以說跟父親死時那種嚴謹態度，有天壤之別。

這樣的差異究竟是怎麼一回事？難道潛意識裡認為父親捨棄孩子可以被原諒，而母親卻是不可原諒的嗎？與母親的關係，更是生物學上的連結才是。或許因為沒有肌膚上的接觸或育兒、哺乳這種生物學的行為，關係就無法成立了。

相對的，與父親的關係是偏向心理文化層面，就算沒有換過一片尿布、沒有餵過奶，只要在心裡認同對方是父親的話，就會對他產生特別的情感。更何況像水上這樣有名的父親，在社會上有一定地位，更能接受他作為自己的父親。

‧‧被拋棄的父親

當然也會有完全相反的情況。當父親沒有實現自我理想，成為無法認同的存在時，兒子對父親也會採取冷酷的態度。

美國第十六任總統亞伯拉罕‧林肯，是宣布「解散奴隸宣言」的偉大政治家，但是他對父親的態度十分冷漠。林肯苦學的故事是為人知的美談。由於他在父親的農場幫忙，幾乎無法受正規的教育，但他喜愛讀書，苦學而成為律師。

在林肯當上議員和律師活躍社會後，就與父親完全地疏遠，就算父親懇求見面，他也不想見。沒有念書的父親完全不能理解兒子一心向學的想法，當兒子成為名人後也把兒子說的話當作戲言對待，所以兒子不想見他的心情也是可以理解的。結果最後父親被發現一個人死在家裡，以現代的話語來說就是「孤獨死」。

母親早亡，對於留下的唯一父親也未免過於冷酷。

在與父親的關係上，若說心理因素大於生物性的依附關係，那麼就算是自己的孩子，如果光說些否定的話、刺傷他的自尊，之後還是會獲得反撲的。特別是當對象是兒子時，很有可能會遭到冷酷的對待。

在是女兒的情況下，即便父親有重大問題也不會冷酷至此，女兒多半割捨不下父親，就像父親比較寵女兒般，女兒也往往會寵愛父親。

· ·

即使明白他是瘟神

結衣（假名）的父親有酒精上癮症。平時很穩定，是個沉默寡言的人，對結衣來說有他溫柔父親的一面。然而一旦喝酒就會打架，休息不工作的情況增加，雙親的感情問題也變多了。結衣小學的時候，他只要喝酒夫妻一定吵架，甚至會出手打人。結衣討厭這樣吵鬧不休的家庭，也覺得很丟臉。她變得敏感，學會察言觀色，也變得非常遷就於對方。

父親在性格上也有認真的一面，但因為連續的失敗加上酒精作用的影響，漸漸地變得頹廢。結衣不只一次想過，要是沒有爸爸就好了。父母離婚是在結衣中學的時候，結衣為了早點讓母親能輕鬆，沒上高中而是進了護理師學校。因為如果可以當上準護理師，就可以一面工作一面考護理師執照。

離婚後的母親變得開朗，生活也安定了下來。只有在談到父親時，表情才會變得暗然。喝醉酒的父親還曾好幾次打電話來，母親就像摔電話似的掛掉電話。結衣也因顧慮到母親的心情便沒有再與父親見面，也沒有連絡。有一次結衣不小心接到父親打來的電話：

「是結衣嗎？」父親虛弱的聲音留在她的耳畔。

在那之後，她很害怕不知道爸爸是不是會再打來電話，然而父親並沒有再打來，她也很少聽到父親的消息，就好像解脫似地安下了心來。但同時在內心的某處卻有一種被遺落的感覺。

一面工作一面上護理師學校的生活，就在快接近資格考試的時候，他收到父親寄來的明信片。明信片上字跡凌亂，上面寫著因身體不好沒有工作，生活非常困難的內容。

現在實在不是擔心父親的時候，結衣雖然這麼想，但還是依著明信片上的地址前去。那是一間日照差、充滿惡臭的便宜公寓，父親躺臥在那裡，久未見面的父親蒼老許多，顯得非常衰弱。他的眼睛發黃，笑著對結衣說：「抱歉。」虛弱的身體別說是吃飯了，連酒也沒辦法喝。她好不容易說服討厭看醫生的父親到醫院去。診療結果必須馬上住院。因為除了慢性胰臟炎外，也有肝硬化的問題，如果不戒酒活不到兩、三年。

在打了一個星期的點滴病情稍微好轉後，他又偷偷喝酒而遭到強制出院。雖然建議轉到治療酒精上癮症的專門醫院去，父親卻頑固地抗拒。在花了好幾個小時說服後，才終於把他帶到醫院。然而那又是另一個辛苦的開始。父親開始一天到晚打電話來，讓結衣必須送東西或送錢到單程就要花兩小時的醫院去。

果不其然，檢定考試沒有通過。父親在兩個月後出院，儘管為父親奔走到如此程度，但出院還不到一星期後又開始喝酒。她感到照顧父親只是白費工夫，同時卻也覺得實在沒有辦法放著他不管。結衣偶爾會去探望父親，也會到醫院詢問有沒有什麼她能做的。

醫院的個案工作人員對結衣感到同情，於是幫忙她向負責的醫師請求，再一次住院重新治療。父親雖然拒絕，但結衣一句「再這麼下去我就不管你死活」，便得屈服。因為父親除了自己外沒有人可以依靠，他感覺到父親的無依無助。

第二次住院，父親表現出和以往不同的配合態度，熱心地參與院內的戒酒會。結衣雖然半信半疑，但也很高興努力總算有了回報。三個月後出院後，父親持續服用禁斷症藥物，似乎已經戒了酒。

第二年結衣通過考試取得資格，當上了護理師。跟父親報告之後，父親也為她感到高興。之後，過了一年準備要結婚，結婚對象是她工作場所的同事，她讓他跟父親見面，父親只是深深地低下頭對他說：我女兒拜託你了。他對父親充滿敬意，讓結衣非常高興。

就某種意義來說，那個時候也許可以說是結衣最幸福的時候。然而在結婚後，隨著生活的忙碌，沒有什麼時間可以再照顧父親。不久，父親無端地前來要錢的次數增加，在覺得奇怪的同時，他已是故態復萌，又開始偷偷地喝起酒來。一開始很客氣的，但有時喝醉了半夜會打電話來要錢，在丈夫面前結衣也不太有機會對父親勸說什麼，結衣感到非常棘手。

即使如此，面對父親的哭訴她仍無法說不，只能趁工作午休時間到銀行ATM匯款給父親。丈夫體貼她的心情什麼也沒說，但是隱約知道結衣援助父親。

有一天，結衣實在無法忍受，用強硬的口氣回了父親：「夠了！如果你不戒酒，我絕對不會再援助你了。」

於是父親就像是被斥責的孩子似的，用很害怕不安的口吻表示：「我知道了。給妳惹麻煩，真抱歉！」

後來父親沒有再打電話來。她心想反正過個一、兩星期他肯定又會再連絡，但是卻沒有父親任何的音訊。她有些擔心，心想得去看看父親的狀況，然而又想到無論再怎麼關心父親，父親還是一樣重蹈覆轍，就感到猶豫。

有一天，電話響了，警方打來的，他們通知她發現了父親的遺體。父親在約莫一星期前已上吊自殺。

這個父親到最後還是只會給別人添麻煩，然而結衣卻無法憎恨父親，想到父親被女兒拒絕、選擇一個人死去的心情，她內心就快要崩潰。

即使結衣告訴自己這也是沒有辦法的事，但還是會有那種是不是自己拋棄父親才逼死他的這種自責心情始終無法拂拭。結衣很長一段時間都帶著內心的傷。

在父親死後經過約四年的時間，結衣開始在酒精上癮症專門治療的醫院工作。

孩子會將專橫的父親當作是促使母親痛苦的壓制者而帶著敵意，同時仍然會希望被這樣的父親疼愛，而產生一種無法捨棄、希望父母和好的想法。他也會希望父親幸福。然而越是在心裡某處抱著敵意與憎恨，就越會對那個憎恨父親、希望他死去的自己抱著罪惡感或歉疚感，最後採取過度的自我犧牲行為的人並不少見。

被父母的臉色或心情控制的孩子，比起自己的心情或狀態，更容易以對方的情況考量為優先。這就是所謂被稱為異常依賴性人格特性。一旦被依賴，就會把自己放一邊，為對方奉獻。理性思考的話，會做出即使犧牲也要去支持對方的行為。如此犧牲的代價，就是一種更被依賴，只會受更深的傷害或重負。

結衣的狀況也是，她無法放下父親不顧，因此做出了重大的犧牲，繼續照顧父親。然而最後卻得面對非常殘酷的結果。但這樣的關心並非全化為烏有，有時候會因為這樣的照顧而獲得支持，並且跨越危機，完全地穩定下來。

有一位母親被父親所殺的女性，她帶著猶豫的心情等待著父親出獄。既然是殺了母親的人，理當應該是讓人感到憎恨。即便如此，女兒到最後還是去迎接父親出獄。為什麼會如此呢？

因為她希望父親可以重新再站起來。她慎重地想了又想得到一個結論，自己憎恨父親、拒絕父親，對自己一點好處都沒有。而且，她並不希望父親傷心。父親可能也覺得不會有人去迎接他，而帶著不安的心情出獄吧。但她無法遺棄父親，她希望父親能重新站起來。

迎接父親的時候，父親低下頭對她說：「對不起！」眼中閃著淚光。他可能以為不會有人迎接，這是她第一次看到父親掉眼淚。

從此之後，父親不再像以前那樣驕縱，父親過著判若兩人的穩定生活，對任何人都會低頭表示感謝。也許是因為父親年紀大了，也許是因為打從心底覺得後悔的關係。

只是，若是過於放心、覺得生活已經穩定下來，往來的相處變得淡薄之後，又會有種被拋棄的感覺，很快地恢復原狀的個案也不少。這是很容易落入的陷阱。也許個人所能拯救的，也只有單單一個人而已。

這類喜歡奉獻的人格特質，如果是在團體組織，由於組織架構明確，可以作為一個很好的輔助人才。結衣的「父親病」與她選擇的職業絕非毫無關係。

‧‧安提戈涅情結

索福克勒斯悲劇中的安提戈涅，是忒拜王國的國王伊底帕斯的女兒，伊底帕斯殺了父親也是前國王，娶了自己母親伊俄卡斯特。在這個被詛咒的命運中，生下他四個孩子中的其中一個。知道了事情真相的伊俄卡斯特自殺，伊底帕斯則自挖雙目。

失明後的伊底帕斯受到伊俄卡斯特之兄克瑞翁逼迫交出王位，並且被放逐。這個時候，陪伴落魄父親到最後、照顧他的是女兒安提戈涅。

父親死後，安提戈涅雖然回到了忒拜，但是放逐了父親的伯父克瑞翁已成了國王。安提戈涅的哥哥波呂尼克斯為了奪回王位而造反，攻往忒拜城的城門。

然而奮戰落空的波呂尼克斯卻被討伐，克瑞翁下令禁止安葬造反者的屍體，安提戈涅違反王命葬了兄長的遺體而遭到逮捕。國王克瑞翁怒判安提戈涅死刑，最後她在牢中自殺，結束了生命。

精神分析醫師羅納德布萊頓以安提戈涅為有問題的父親奉獻、又敢於犧牲自己的這一點，將過度對父親或男性奉獻的女性這種潛意識的動力，取名為安提戈涅情結。

依照布萊頓的說法，之所以會產生這種過度的自我奉獻狀態，是由於在幼兒期與母親的關係有問題，為了彌補這一點，進而對父親產生了過度理想化的結果。長大成人後，會將看起來像父親的男性理想化，並且犧牲自己持續奉獻。

被視為像安提戈涅情結一樣犧牲奉獻的，也是「父親這種病」的產物。然而歸根究柢還是因為有「母親這種病」的關係。若將父親與母親視為互補關係的話，這種一方不足而與另外一方過度供給，應該也是必然的發展吧。

然而，顯現在表面上，有自覺的是她一直想做一個父親的乖女兒，並且將繼續照顧、尊敬父親視為自己的使命。

接下來介紹漢娜鄂蘭的案例，也是一位對人生徹底悲劇的父親奉獻，左右她人生的故事。

・・漢娜鄂蘭與父親保羅

她的傳記被拍成電影的國際政治學者漢娜鄂蘭（電影《漢娜鄂蘭：真理無懼》），由於是猶太人，加上父親早逝，因而走向波瀾萬丈的一生。

漢娜的父親保羅，曾在誕生過哲學家康德而廣為人知的名校阿魯貝第那大學修習過工學，是一位電氣技師，非常具有教養的學者型人物。他的伴侶是在巴黎留學三年學習音樂與法語的女性馬爾塔，唯一的孩子就是漢娜。兩人建立了一個理想的家庭，漢娜渡過了幸福的幼年時期。

但命運之神將這個幸福生活破壞殆盡。父親保羅患有梅毒，像不定時炸彈般隨時可能發病。保羅在婚前已經感染，並接受過治療，在以為痊癒的情況下才結婚。然而他們都不知道當時其實已經進入麻痺性癡呆的潛伏時期。

漢娜兩歲半時，父親的身體變得容易搖晃，很快地在梅毒侵蝕腦神經下變得無法行走。父親沒辦法再工作，只能臥病在床。年幼的漢娜像一個「小小母親」般認真照顧父親。也許是漢娜與父親之間已建立了穩定的依附關係，同時母親也真心愛著父親，彼此都非常珍惜父親。

然而父親的病情加劇，不只是神經麻痺，連精神也開始遭病魔侵蝕。父親因劇痛而導致精神錯亂，常常會發出亢奮、可怕的喊叫與低吼。漢娜四歲時，居家照顧終於無法負荷，母親決定將丈夫送往精神病院。即便如此，母親仍定期帶著漢娜探望住院的父親，最後，父親甚至不認得漢娜，但漢娜仍強自忍耐與父親相處，並為父親朝夕祈禱。

父親死時漢娜七歲。據說當時漢娜曾這麼安慰母親：

「媽媽，請妳記得這是在許多女人身上都會發生的事。」

也許是從幼年時期慘痛的經驗中，已學到如何用客觀的態度去看待事情吧。然而即便如此，這樣的表現還是過於老成，不是小孩該有的行為。在撒嬌的孩童時期，漢娜非但無法對雙親撒嬌，還要負擔起支持母親的角色。

父親死後，漢娜就像回到嬰兒期般地對著母親撒嬌，這就是想把過去的忍耐全都找回來的自然反應。因為藉由黏著母親撒嬌才能取得內心的平衡。

然而這樣的平安並沒有持久。母親為了生活選擇再婚，而再婚對象有兩個女兒。結果原本漢娜一個人獨占的母親，突然要跟新父親和兩個沒有血緣的姊姊分享。

從那個時候開始，漢娜的態度變得強硬，對父母和老師都不願打開心房，開始反抗權威。當時的漢娜對大人抱持強烈的不信任，其中最大的原因就是將母親的再婚理解為對自己的背叛，同時也是對父親的背叛。雖然母親為生活不得不如此，但漢娜打從心裡不能接受背叛父親這件事。

這樣的反抗，反過來變成追求一個值得尊敬的對象。她和年長的男性談戀愛，也是來自於一種追求這樣人物的心態吧。但是在現實中遇到的大人們，卻往往讓漢娜感到失望。

面對裝模作樣的人，漢娜的反抗更加強烈，其一就是與教師的對立。而當問題變得越來越嚴重時，漢娜遭到了退學的處分。

這個時期如果沒有好好處理，漢娜或許將完全封閉起自己，走上失意的人生。然而面對這個逆境反而點燃了漢娜不認輸的精神。漢娜努力讀書，比同年級的學生早一年考上大學。

開心成為大學生的漢娜，在馬爾保大學讀書。在這裡認識她命中注定的人——馬丁．海德格（Martin Heidegger）。海德格當時剛當上哲學系的教授，年三十五歲，漢娜當時十八歲。

漢娜在海德格身上找到了理想父親形象。而面對熱情注目自己的美貌女學生，海德格無法不被吸引。海德格特意找她到教師辦公室談話，誠惶誠恐的漢娜去了之後，海德格便詢問起她的家庭，並表示願意幫助她。被尊敬的、心儀的教授這麼說，漢娜的心簡直飛上了天。

於是兩人便開始通信，很快地通信成了表達愛意的情書，就像無法抗拒命運般成為男女朋友關係。然而這樣的感情同時也是危險的關係，因為海德格已有家室。教授與學生發生肉體關係是足以毀滅海德格社會地位的醜聞，再加上漢娜是猶太人，當時在德國排斥猶太人的氛圍開始增強。

漢娜為了不造成海德格的麻煩，兩人幽會小心翼翼。兩人之間還定下了互通危險的暗號。然而，持續這種無法見人的關係對漢娜來說非常痛苦，正義感與道義感強的漢娜認為應該將兩人關係做個了斷，於是決定轉到海德堡大學，而海德格也同意。

然而，兩人之間並沒有因此而結束。當海德格表示想見面，漢娜就會放下一切前去，以回應海德格的愛。兩人見面約在馬爾保與海德堡間的一個小車站附近的旅店，在那裡避人耳目，頻繁地約會。然而，在短暫的激情結束後，漢娜卻無法不感覺到那難以忍受的寂寞與痛苦。

漢娜也曾與其他人交往，想藉此逃離海德格的束縛。可是她真正愛的，還是海德格那樣令她尊崇、景仰的人物，只要海德格呼喚她，任何人都無法阻止她。

將這樣的危險關係畫下休止符的是海德格，這當中當然也充滿了海德格自私的想法。海德格將晉升教授，並由於《存在與時間》出版的關係，國際聲譽正逐漸提升。在排斥猶太人運動的激化當中，他做出了與漢娜的關係對自己過於危險的結論。

當海德格提出分手時，漢娜只能遵從。分手之後漢娜留下一封信給海德格，在信裡非但不恨海德格，還誓言將永遠愛他。

之後，兩人走向完全相反的人生。海德格與納粹政權親近，坐上佛萊堡大學校長的位置；漢娜為了逃避迫害，不得不逃離德國。漢娜不逃避，選擇面對逆境，專注於猶太人與極權主義的學術研究。企圖藉由客觀看待發生在自身的事，來維持自己精神上的平衡。那是漢娜在幼年時期以悲慘的方式失去父親時，也曾經做過的事情。

一九四五年納粹政權倒台，雙方的立場完全逆轉。海德格由於曾經協助納粹而被驅逐出公職，不得不面對批評與責難，連他的著作也被禁五年。另一方面，漢娜有關法西斯的著作《極權主義的起源》獲得國際上的好評，以國際政治學學者的身分獲得認同。漢娜曾有段時期也譴責過去的老師同時也是愛人的海德格。

然而，在戰爭結束後五年，兩人重逢，漢娜到海德格位在馬爾堡的家中拜訪。與落魄的老師重逢，漢娜心裡又有某種東西再度燃起。漢娜之後再度開始擁護海德格，而這也成為海德格逐步復權的契機之一。

自此之後兩人一直到海德格過世前都互有通信，據說在漢娜的書房桌上也擺放著海德格的照片。

漢娜的人生，可以說以痛楚的形式失去了父親，而她跨越了那場試煉並努力找回父親的形象讓他復原。這對漢娜來說，是生存與愛的原動力，也是她創造能量的來源。

尊敬父親卻因命運而失去了父親，使得她不得不追求類似的存在，可能也是由於在漢娜的幼小心靈中被烙下的悲痛。她的人生中，有著與安提戈涅悲劇相通的高貴痛楚。

漢娜成功地為受傷的父親形象修復成為偉大的存在，是由於她的智慧與勇氣，並且在她取得微妙的心理平衡下才創造出來的奇蹟。

對父親的執著，不只像漢娜這樣是因為失去父親的關係，也是因為對現實中的父親深感失望、受傷而強化。在這種情況下，不是去尋求類似父親的身影，而是採取追求一個與父親完全相反的「理想父親」形式。然而，最後當你察覺時，你會發現其實你所追求的是一位像父親的男性。

・・追求理想的父親

美鈴（假名）的父親生長在惡劣的環境中，受到慘酷的虐待。因為沒有讀書，生活過得非常辛苦，養成了誰抵抗他就將誰視為敵人的習性。他靠著勞力維生，虎背熊腰的身材充滿殺氣，動不動就會使用暴力。雖然具生活能力，卻沉溺女色，很少回家。偶爾回來夫妻就會激烈地爭吵。

美鈴記得四歲時，跟母親一起從親戚家回來後，原本應該不會在家的父親卻在家，大概不高興她們出門，父親怒火一起，用拳頭直打母親的額頭，額頭噴出的血將母親白色的臉龐染成鮮紅。即便如此父親還是不停地拳打腳踢，美鈴和姊姊兩人躲在暖爐桌下發抖，擔心母親，也害怕自己或許會被父親殺死。

這樣的事就像家常便飯般不斷地重複發生。

「為什麼我會出生在這個家庭？」美鈴很小的時候就這麼想。

有一次，美鈴對姊姊發出這樣的疑問。

「真不想出生在這個家，我好討厭爸爸！」

已經上中學姊姊的回答，卻讓她大感意外。

「不是只有爸爸一個人的錯，爸爸媽媽兩個人都有錯。不可以討厭生養我們的人。」

姊姊在這樣教導她的同時，彷彿也是在說給自己聽。

母親喝醉酒後總是啜泣。從母親口裡說出來的，都是後悔、感嘆與父親的壞話。

「如果沒有妳的話，我就可以跟爸爸離婚了！」

每次母親這麼說的時候，美鈴總會接著說，「媽媽的人生只要媽媽自己覺得高興就好。如果妳想跟爸爸離婚就離婚吧！我會養妳的。」

然而第二天早上母親就完全忘了這些話。美鈴覺得自己像被戲弄般，很受傷。於是對母親的憤怒也就越來越擴大。

過去從不曾反抗過母親的美鈴，從小學四年級開始，每天幾乎都會跟母親起衝突。母親還曾憤慨地將她脫個精光趕出去。

「我要快點離開這個家！」只有這樣的一個念頭支持著她，

當社會上發生一起烏頭屬毒殺事件，連著好幾天都有新聞報導，美鈴也想要有烏頭屬這種毒藥。

「這個家如果是這樣的話，我想殺了爸爸和媽媽！」雖然是孩子，卻很認真地這麼想。

雖然憎惡雙親，但在天主教小學所受聖經的教導以及姊姊的勸告下，憎恨轉換為自責。然而取代的是對產生這樣父親的不公不義社會的憎恨。在孩子的心裡有了「我一定要成功給你看」的決定。

父親偶爾回家時，全家會外出吃飯。不知道這是父親對家人的體貼或是想要贖罪。雖然一點都感覺不到快樂，但美鈴還是裝得一副開心的樣子。每次父親想要牽她的手，但想到「這雙手抱了媽媽以外的女人，還背叛了家人」，就會產生一股厭惡感，然而還是會乖乖地讓父親握，因為她害怕這樣會惹得父親生氣。

對沒念多少書的父親來說，哥哥姊姊成績優秀似乎讓他特別感到自豪。美鈴到中學二年級前，也一直都是優等生，但是不知從什麼時候開始努力卻變得徒勞無功。沒有人會去注意這個最小的孩子，母親也只有在讀大學的哥哥回家時，才會露出溫柔慈母的表情。父親一如往常不回家，同時姊姊也離開家了。

最重要的中學三年級夏天，美鈴開始變得不愛上學，母親也突然變得吹毛求疵，因此家裡她就更待不下了。成績一落千丈，很快地成了劣等生，即便如此她還是進了高中。因為姊姊開導她至少要上高中，加上她還有二年級的學業底子在。

進了高中後，越發陷入脫軌的生活，她對任何人都不願敞開心房。有時她會將制服或內衣褲拿去變賣，還曾經援助交際，把身體交給年齡跟父親差不多的中年男子。也許她是存著想要報復大人的心理，又或者她是在尋找一個可以替代父親的人。

高中三年級的秋天，她面臨了上不了大學的危機以及畢業都有困難時，才第一次跟父親面對面談話。

「妳將來打算怎麼樣？」父親問道。

「只要能離開這個家，做什麼都行。」她賭氣地回答。

「那妳要如何生活？」父親詰問。

「我是在這種地獄長大的，所以我當妓女或做什麼也都行！」

美鈴說出心裡的話時，父親已一個巴掌打下，臉頰痛得像被刀劃過似的。

「都是因為你，我和媽媽才會這麼不幸！」美鈴哭喊著。「妳說什麼！」父親揪住她，兩人僵持著，之後兩人都像失心瘋似地大打出手，美鈴當然不可能打得過父親，結果受了傷，三個星期才痊癒。

然而這件事情在美鈴心理卻成為後來珍貴的記憶。因為那是她第一次真正體會到被父親所愛。

之後，美鈴與一位年齡大她數倍的中年男性交往，其實，就是她學校的老師。美鈴對溫柔又具包容力的男性，感覺到像是真正的父親般。因為無論如何撒嬌對方都會接受，他也打從心裡擔心美鈴的將來，不惜花許多時間陪伴她。

當然，對方有家庭有孩子，美鈴也曾為此所苦，但只要他想見美鈴，她就會放下一切騰出時間來。美鈴能夠高中畢業、升上大學，沒有放棄自己地繼續活下去，也是因為這位男性取代了父親、支持了美鈴，讓她「改過自新」。

然而在交往五年後，美鈴斬斷了這段關係。

「我想要過自己的人生！」她丟下這句話。

「如果不這麼做的話，我會一直愛慕著他而無法離開。直到現在都一直把他當作自己的父親般地感謝著他。」

之後，吸引美鈴的還是一些年齡大她數倍的年長男性。雖然也曾經與同年代的男性交往，但卻都不了了之。

她無論如何都無法向同年代的男性撒嬌，找不到自然接受他們的方法。只有在身體上可以接受，同時也只會彼此傷害。

在被這樣沒有結果的戀情傷害的同時，接近她、撫慰她的是後來和她結婚的丈夫。他向她求婚時，她就像抓住浮木般，很快地就懷孕了。就在她結婚生子覺得自己已經掌握住幸福之時，才發現過去所不知的丈夫另一面。他好賭、好色，還會家暴，不顧家庭⋯⋯。如今的她，就跟小時候自己發誓絕不要變成那樣的母親一樣，而丈夫就像她的父親那樣。她拚命地從那裡逃了出來，結果卻回到那個悲慘的原點嗎？想到這裡，美鈴的心情就變得非常絕望。然而，她不能絕望，因為美鈴還有她最重要的孩子，她絕不能讓自己的孩子經歷與自己同樣的命運。

她不能浪費時間像母親那樣生活。美鈴決定與丈夫離婚，與丈夫的關係就以孩子的父親身分這樣和平相處的好。

這個問題解決後，美鈴對工作比過去更加努力也更具野心，她把握機會做最大的發揮，在工作上大有斬獲。

這段期間，她一直被有婦之夫的年長男性所吸引。若不是年長、有妻子的人，就無法與他們交往嗎？她對這樣的自己感到害怕。

明明應該要和同年代的年輕男性相處會比較快樂才對，可是她卻總愛上年長、不顧家庭的男人，這不就好像她愛的都是「像父親一樣」的人嗎？

即使現在偶爾會和父親見面，卻不帶任何的感情。冷淡到她覺得可能將來在父親的葬禮上她也哭不出來。然而自己的戀愛傾向讓她深覺得有「戀父情結」，這一點無論如何都改變不了。該怎麼做才能跟同年代的人交往呢？

最讓她感到安心的還是被與父親同年代的男性擁抱，把一切都交付給對方，倚賴對方的時候。

平常凡事都由自己做主的個性，其實她真正希望的是可以像孩子一樣地撒嬌，她認為自己在真正的意義上並沒有成為一個獨立自主的女性。

然而她追求成功的欲望卻很強烈，在工作上也永遠都要拿最好的成績，並且拚命地努力著。

她現在和母親住在一起，母親幫她帶孩子和料理家務。她能放手工作也是因有母親在的關係。

她最近開始感覺到，自己的情結是基於父親的缺席，以及對父親的憧憬。

在撫養獨生子的時候，她不知道理想的男性形象是什麼。而這是單親撫養孩子唯一的不安，這也是她與孩子的父親仍有往來的原因。她真正能相信男人的一天會來臨嗎？

孩子為了填補父親缺席的願望非常強烈，在不知不覺會被這樣的渴望支配一生。雖然反抗著那個不顧家庭、對母親使用暴力、折磨母親的父親；但同時美鈴真正需要的，不是只會怨嘆自己人生的懦弱母親，而是陽剛、有男人氣概、充滿力量、有生活能力的父親。

只是，她也同情母親。美鈴夾在父親與母親間的伊底帕斯情結糾葛中，迫使得她無法去對現實中的父親撒嬌，而是將它替換成追求更溫柔理想的父親來解決這件事。

在這種情況下有兩種方式。一種是獲得一個理想父親的男性，繼續依賴著一個像庇護者般的年長男性。而另一個方式，是美鈴將自己變成這樣的人物來守護母親。就像小時候美鈴曾跟母親說的那樣，而她現在也如自己所說的取代了母親丈夫的地位。

但是在這樣的偽裝下所潛藏的，是她想要被父親所愛的最原始願望。回過神來才發現，她已經在一個像她父親的男人手中，而這正是操縱她的最根本、原始的根源。

・・因社會參與而昇華

像美鈴那樣，即使為暴力父親所苦的人，也不只是單純地憎恨父親。在憎恨的心情深處渴求父親的心情也會同時蠢動。為了想得到未曾擁有的理想父親，抱著無法實現的期望而內心痛苦。

鄂蘭的情況也是如此。為了復原理想的父親形象，拚命地不斷與之抗鬥，在與自我犧牲的精神相結合下互相作用。為面臨困境的人與社會努力，以求取心靈平衡的人也不在少數。美鈴的情況也是如此，但在外工作的意義並非是賺取大量金錢的成功，必須做一些對社會有意義的工作，那麼自我內心的糾葛可藉此獲得消解。

因為這樣做將使得過去經歷過的負面體驗重新開始有了新的意義。會明瞭這不是自己一個人的試煉，而是具更普遍性的困難；而這樣的艱困體驗絕非無用，是有助益的，甚至能因此變得更強。

有些人會在社會意識上覺醒。當被理想化的父親形象崩壞，都會認為那不是父親的錯，而是不公不義社會所導致的。那種想要庇護父親的心情有時會轉而昇華為對社會的憤怒，從而走向致力社會改革與公平正義這類的社會運動上。

第六章

被放逐的父親　父親是壞人嗎？

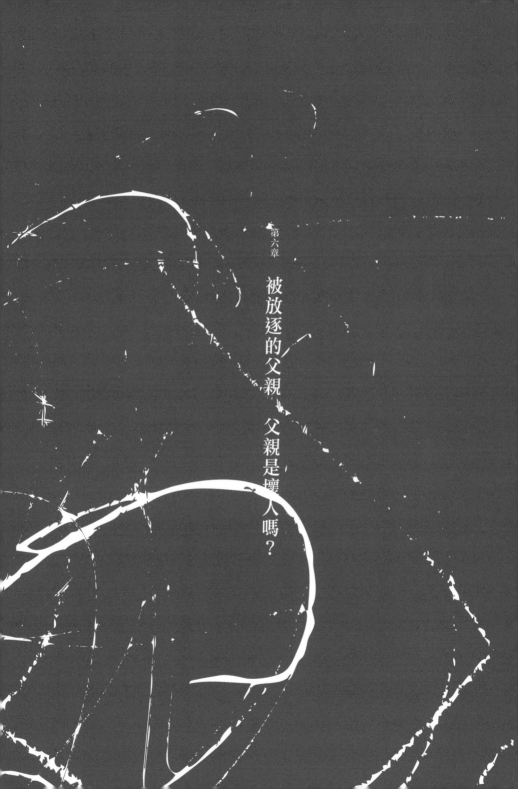

缺席才更適合

「所謂父親，是不應該看到他的模樣，也不應該聽到他的聲音。這才是創造家庭生活唯一正確的基礎。」英國小說家奧斯卡．王爾德如是說。對一個可說是自戀化身的作家來說，父親的缺席正是他所希望的。

他的父親是都柏林的名醫，被稱為「近代耳鼻科學之父」，在眼科學的領域中，創造出白內障的手術法等顯赫的功績。他同時也是女王的御醫，在經濟上也是一位很成功的醫師。妻子和三個孩子過著富裕的生活，也是因為父親很會賺錢的關係。

然而，王爾德對母親表現出深厚情感的同時，卻從來沒有對父親說過感謝的話。並且，他毫無忌憚地公開述說父親很礙眼，這又是怎麼一回事呢？

這個原因確實在父親身上。父親除了是個工作狂之外，還迷戀女色，老是外遇，並不常回家。以前的情婦還曾像個跟蹤狂似的找上門來，散發一些中傷的黑函。

母親當然為丈夫這種行徑所苦。然而母親卻不是那種丈夫外遇就會自憐自嘆的女人。她夢想著英雄般的人生，並且付諸行動、加以實踐，是個女中豪傑。當她還是個女孩的時候，就是愛爾蘭青年黨的激進分子，立志為拯救因欠收而瀕臨餓死的貧困人們挺身而出，用「SPERANZA」（義大利語希望之意）作為筆名，寫了許多勇於彈劾政府的文章。

拯救貧困者，其實只是表面上的藉口，她真正想追求的是「英雄般的命運」，並為之熱血戰鬥。她寫著：「我渴望那種亢奮，對我來說除此之外別無所求。我想要過著轟轟烈烈的人生。啊！我該拿我這種狂熱又充滿叛逆的野心如何才好！」

然而，那畢竟只是個不知天高地厚小女孩的幻想產物。現實中，她周遭有許多同志陸續遭到逮捕，被送進監牢，而她害怕得全身僵硬，並且後悔，於是不再寫煽動性的文章。

幸好她沒有被逮捕，選擇與一位成功的醫師結婚，走入了家庭生活。然而她並非完全捨棄自己的野心。在她被丈夫拋棄、對婚姻感到失望時，更深層化了這一點。

打開她野心的是她的長男。「對了，我就將那個孩子培育成為一個英雄，將來當愛爾蘭共和國的總統吧！」

這個長男並不是奧斯卡，而是他的哥哥。

其實母親一開始並沒有對奧斯卡表現出愛與關懷，她並沒有這麼樣看重這個次男。不，應該說奧斯卡的誕生對母親來說，帶來的是失望。這是因為母親一點都不盼望這第二個兒子，她強烈希望第二個孩子是女孩，在出生前她只準備了女孩的衣服。

母親並未放棄曾有的期待，到五歲之前她還讓奧斯卡打扮成女孩來教養。這件事情明顯地讓王爾德的自我性認同產生了混亂。王爾德除了有女裝癖外，也一直受到同性戀的誘惑，而這件事後來也迫使他走向社會性的毀滅，因為在當時的社會同性戀是違法的。

隨著年齡的增長，母親發現奧斯卡的才華，毫無疑問地比哥哥優秀，於是開始對奧斯卡表現出關心。因為擁有一個天才兒子，才配得上她所期待的英雄。母親一個勁地稱讚奧斯卡的能力，並且煽動他的野心。母親灌輸在兒子身上的想法，在某種意義上是很現代的思考。她認為平凡的人生沒有價值，只有成名、被光輝的名譽包圍的人生才值得活下去。

遺傳自母親表現自我的野心，就這麼地表現在奧斯卡身上。年輕時王爾德的口頭禪就是「我想成名」。為了成名，王爾德採用的不是像父親那般磨練出堅實的技藝，獲得他人認可的方式，而是做出一些超乎常理的事情，讓大家為之驚豔。

而實際上保守人士越是激烈地抨擊，王爾德就越出名，獲得追求新事物狂熱分子的支持。然而這種與醜聞互為表裡的發展路線，也促使王爾德走向毀滅。

王爾德這樣的生存方式回應了母親的期望。但恐怕連王爾德自己都沒有自覺地按母親的教導在生活。

他與阿爾佛列德．道格拉斯的同性戀情被告發後，面臨逮捕的危險，王爾德可以逃往國外，但他卻留下來，遭到了逮捕。王爾德是不是想要如同母親的教導般當一個悲劇英雄呢，而母親卻巧妙地免於被逮捕。

這個結果性的選擇，使得王爾德送葬於這個社會。依照當時的法律他被判有罪，也被關進了監獄，大受打擊的是王爾德自己。出獄後他離開了英國，然而他已無力排除逆境，在巴黎渡過了凋零的晚年。

他落魄，經濟狀況不佳，當父親留下的財產被母親花光後，他的晚年就過得更加悽慘了。對於能煽動就拚命煽動的母親，王爾德可說是完全被她耍得團團轉；但是若以王爾德的人生與父親的關係這個觀點來看的話，他心中所欠缺的父親正是這個惡劣平衡的根源。王爾德那沒有父親也沒有關係的口吻，像是準備好的，引人跳入的陷阱。

所謂沒有父親還比較好的想法，肯定是從母親那裡學來的。也可以說，那是兒子完全聽信愛自己不愛兒子母親的話，才會造成悲劇。

父親的缺席，使得王爾德的心理產生不平衡。他無法遵從在現實社會中懂得生存的父親，而是遵從信奉幻想英雄主義母親的意思。就像賭上他的人生似的，使得生命變得起伏劇烈，那也是無可奈何的事。最悲哀的是，母親並非真正愛著王爾德，只不過是愛慕著兒子的才華而已。

作為惡人的父親

王爾德的母親從各種意義上來看，可以說是現代母親的先驅。不論是在她自己曾經熱烈追求刺激人生，或是在教育兒子上，或者把父親貶為惡人的這一點上都是。

有一部分的父親形象是親切如朋友的，但另一方面，許多人對父親抱持的是更負面、無可救藥的形象。

父親可有可無的存在或許都還算是好的，但那種暴力的、粗野的、折磨母親與孩子的自私父親，或是只對自己的事情感興趣的父親，都在逐漸增加中。父親的形象就如過去在社會上受尊敬的老師或有權力者這類人物一樣，被嚴格地加以批判、攻擊，曾有的光芒可以說已經完全盡失。

這也是以自由平等為宗旨的戰後民主所帶來的「成果」。然而如同前述，促使父親喪失權威、抹去他的存在感，在孩子的發展與成長上也有它危險的一面。放逐專橫又自私的父親，促使家庭成為一個可以讓女性和孩子安心生活，絕不是解決根本問題的方法，甚至有為將來種下禍根的一面。

這其中，父親的負面形象將理所當然地根植孩子心中，並伴隨著副作用。為了讓孩子擁有健全的成長，孩子就需要一個愛自己、會保護自己，具備智慧與能力且值得尊敬的父親形象。

現實中的父親形象究竟如何，這又是另一個問題。將負面的父親形象深印在孩子心裡，會使得孩子對大人或他人產生不信任感，甚至對自己都會產生否定的想法。

在現實中，將父親形象堂而皇之地描繪得比實際還要壞，或許還可以行得通。然而本來必須防範這樣事態的母親，進一步地將負面形象加印上去、挑起孩子的憎恨，把令人討厭的父親形象深植在孩子心裡，卻是經常會發生的事情。理所當然似地接受父親這個壞人的形象，對此不抱任何懷疑、全盤接受的孩子也有很多。然而父親究竟真的是那麼壞嗎？他們真的犯下如此不可饒恕的錯嗎？

‥被塑造出的壞父親形象

從小的時候開始，久美子（假名）就認為父親是一個專橫、暴力、無可救藥之人，打從心底厭惡。父親怒火一起，甚至對久美子也會不問緣由地打罵。只要是不如自己的意馬上就會變得情緒化，一旦情緒爆發也就完全控制不住。

另一方面，她覺得母親是可憐的犧牲者，她無法理解為什麼會跟這麼蠻橫的父親在一起？久美子很同情母親，希望自己有一天可以拯救母親。

開始產生不同的想法是在婚後與雙親分開生活。久美子每次接到母親打來的電話，都在感嘆父親的行為態度，剛開始她也和從前一樣，對父親的所作所為顯現出激烈的憤怒、覺得母親很可憐，但是有一次丈夫說的一句話，改變了她的想法。

「真的都是爸爸一個人的錯嗎？」

她當時完全不能理解丈夫的話。

「什麼意思？」她問，她對丈夫說的話一開始也感到憤怒，但在聽過丈夫解釋後，她才發現自己用先入為主的觀念去看事情而非事實。

父親其實是個很單純的人，只是對母親說的話做出反應而已。雖然看起來像是父親說了過分的話、做出粗暴的舉動，然而實際上扣下這個扳機的大多是母親。母親將父親的反應斷章取義，對著女兒哀嘆，想要挑起女兒心裡的憤怒。

如此回想，每次當被父親打罵時，母親總是在後頭拉著線。久美子要是做了母親不高興的事，母親就會把那件事放大好幾倍，然後跟父親告狀，被點燃的父親像烈火般憤怒，於是對久美子拳打腳踢。此時，母親則是以一副彷若善意的第三者般說「快向爸爸道歉」。有時候甚至介入其中阻止說「爸爸不要這樣」。

然而事後想想，父親不應該會知道也不應該會生氣才是，一切都是母親在背後操弄，讓父親如她意行動而已。

在她看出這層關係背面的意義後，即使母親打電話來抱怨父親，她也不再像從前那樣熱心地傾聽，也不再同情母親，更不想要再把怒氣朝向父親。

於是令她驚訝的是，母親將攻擊的刀刃朝向了久美子。打電話來發一堆牢騷與不滿後，就開始否定久美子。她一邊聽著，同時深刻地體認到，對母親來說最重要的還是自己。

雖然她憎恨著父親，但一直誘導她去恨父親的是母親，她發現母親因為自己想獲得同情，而將父親塑造成一個最糟糕的父親。

即使如此她也不會覺得自己喜歡父親，同時連生理上都對父親產生嫌惡的反應。因為人一旦討厭，就很難再接受。然而一想到父親可能也是母親只愛自己的犧牲者這一點，就覺得心裡難過，感到憐憫。

專橫又過分的父親這個惡人形象，經常都是母親製造出來的。但有很多孩子就這麼照單全收，一直相信父親是如此。

然而這只是一半的真相。人對於不利自己的事，通常會馬上忘記；對於傷害對方、逼迫對方，卻毫無察覺。

因為愛母親，所以被輸入了不當觀念的孩子，對父親的憤怒就會持續很久。這個憤怒即使哪一天能夠解開，也鮮少能轉變為愛。

・・從母子膠囊中被放棄的父親

在過去，家中的存在感大、父權強的時代，以父子的關係為優先，當發生問題時，無論錯在哪一方，從父子關係中被放棄的通常是母親。

在昭和時代（一九二六～八九）這樣的風氣還很興盛，離婚的婦女被趕回娘家。那樣的時代，孩子與親生母親的關係屢屢地被撕裂，因為孩子是屬於家庭的。結局就是即使夫妻關係出現裂痕，父親仍儼然不動地持續存在，然而不論是好與壞，都對孩子產生深切的影響力。

在家庭以及父權日漸消滅的情況下，以對等的男女關係來經營夫妻關係後，情況就改變了。父親與孩子的關係，終究是社會性的強烈結合。與生物性的深切羈絆的母親，父權的衰退也意味著父親存在感的薄弱。

夫妻之間若發生爭執，導致分手時，孩子跟著母親的情況增加了。在生物學上的結合或照顧這一點上來說孩子更需要母親；而且在多數的情況下，孩子對母親表現出的依附情感也更強烈。

當家庭核心化，小孩的人數減少，丈夫也經常因工作不在，於是便進一步強化了母子的連結，開始產生如「雙胞胎親子」或「母子膠囊」之類，外人無法越雷池一步緊密關係的連結。父親因而被排除在外，成為只是在外賺取生活費、維持家中經濟的人。

王爾德的例子也是如此。如果以這種觀點來看的話，那麼父親被母親與兒子的母子膠囊排除的狀況就可以獲得解釋了。

以被放進母子膠囊孩子的觀點來看，在膠囊外的父親被視為不需要、毫無價值的存在，母親才是最佳的理解者、支援者，除此之外的觀點都沒有可以置入的餘地。

被丟出來的父親，隨之而來的各式各樣排斥，就像一種被害妄想或贖罪化般密不可分似的，經常被形塑為怪物或人格缺陷者。母與子企圖將排斥正當化。當然，主導這一切的是母親。把對父親的怨嘆灌輸給孩子，植入對父親的輕蔑與憎恨。

王爾德對父親的冷漠眼神，完全就是在這樣操弄下的結果。

‧‧常態化的父親排斥

由於家庭與父權的崩壞，母親與父親的立場完全逆轉。母親巧妙地利用她生物學上有利的立場，以孩子為人質。一旦母子膠囊形成，父親就會被丟棄在母與子的交談對話之外。如此，母親與孩子就獲得完全調和的非穩定依附狀態。將父親丟棄出去，母親與孩子的關係終究只是由母親支配的關係。母親藉由支配孩子而得到一切如她所願的支配。

反過來說，父親的存在對於她獨占孩子這一點上是一個阻礙。阻礙自己的做法、表達異議的父親，對於想按照自己想法養育孩子的潔癖母親來說，就像是混入異物般令人難以忍受。

問題不只是在養育孩子，還及於整體的生活，最後得到的結論是，父親是一個主張與自己有同等權力的人物，是一個障礙。她希望盡快可經由排除這個障礙物，才能獨占孩子。父親的種種缺點與問題行為，就成為她正當化這個行動的藉口。

把母親的哀嘆放在前面，孩子選擇了放棄對父親的依附情感，轉變成嫌惡或憎恨。社會蔓延對父親的負面情感幾乎都是源自於母親，孩子完全接受了母親對父親的嘲諷、牢騷或敵意。因為與母親同調、站在與母親同一陣線，對父親的嫌惡感與反彈也會與母親相同。

然而，這個嫌惡感與反彈的根源，可以說是對自己以外的異物產生的抗拒反應。把父親趕出去、只有自己才是唯一的家長，這不是不幸的失敗，而是很自然地還原它本來的目的。

從這樣的觀點來看，家庭的型態就變成孩子把父親趕出去就結束的最終型態，以及沒能完全將父親趕出、不上不下的型態這兩種。隨著共同生活得越久，這種想要排除異物的欲求就會越高。

在母親與父親環繞著孩子的戰爭中，勝敗從一開始就已經判明。只要不是母親本身有非常重大的缺陷、無法負擔育兒工作，或是母親自己不拒絕養育孩子，母親就會從父親身邊奪走孩子，把孩子變成自己專屬物。對於愛自己的母親來說，孩子只應該是自己的，她無法接受孩子是與別人共同擁有的。

在母親一直灌輸父親是可惡的人的觀念下成長的孩子，就會接受把父親趕出去是理所當然的事，進而對母親產生同情，沒有一絲一毫的憐憫。

不過，這是到青年期為止。若是早熟一點的孩子，到了中學的時候，就會開始察覺母親的欺瞞。為了排斥父親所說的藉口只會讓他們覺得煩躁。

那只不過是為了自己方便的藉口與說詞吧。然而無論是什麼理由，是自己的忍耐力不足、自私，所以才把孩子從父親身邊奪走的吧。為了獨占孩子，才把父親一個人丟出去吧，我才不想被獨占。我希望不要為了自己高興就把父親趕走。

面臨青春期、青年期內心開始焦慮不安的孩子，雖然還沒有辦法用自己的話表達清楚，但是會開始感覺到母親似乎在欺騙什麼、在做著什麼無可挽回的事，而開始去懷疑最信賴、最愛的母親，是否才是最大的背叛者、強奪者。

孩子開始將憤怒發洩到母親身上，或者去毆打母親，對母親口出怒言；而無法這麼做的人，就會傷害自己，藉此讓母親間接地嘗到憤怒與痛苦的滋味。

母親會因而感到驚慌，不能理解這麼辛苦扶養、小心呵護的孩子，竟然會反抗自己、對自己有敵意？曾經那麼信賴自己、愛自己的人，現在竟然變成憤怒與憎恨的化身？完全無法接受，不明白自己究竟做了什麼。

母親完全忘了自己已經沒有自覺。那就是即便是無心，她也是從孩子身邊奪走父親的人。孩子只要知道母親的辛苦和她的心情，表面上固然對抗她，但在心裡連憎恨母親都做不到。這時候，孩子只能詛咒自己，只會覺得這樣的自己，不如一開始就不存在還比較好，或者不要被生下就好了。

為什麼會發生這樣的狀況呢？

那是因為孩子本來就需要父親和母親。他們本來想愛父親也愛母親。對孩子來說，比起被父母親單方獨占，讓父親與母親共有、不偏任何一方的養育，才是最均衡的，也是最能獲得健全的成長。在父親與母親這兩種異質的存在之間，取得微妙的均衡，才容易達成自我確立。在兩個極端之間，無論哪一極都是自由的關係，不論在主體性或個性的養育上才是最適當的。

然而，一旦受到父親或母親單方的強烈支配，孩子就會像是被印上模子似的變得無法自主伸展，變得欠缺主體性也沒有個性。按照母親的期望，可能會促使他變成一個膚淺的複製品，在這個世上容易發生行不通的狀況。為了取得均衡良好的發展，因此就必須要有父親這個另外一極的存在。

可是這樣的事在現在的社會卻被忽視到令人驚訝的程度。

選擇母親而非丈夫的女性

一個表情哀傷的中年女性帶著中學一年級的兒子前來，說兒子會突然情緒激動。聽了她的敘述，才知道她兒子啟（假名）因無故缺課以及偷東西接受了輔導。

我詢問她起因是什麼？她說並沒有發生什麼特別的事。但隔了一會兒，才表示其實去年秋天和丈夫離婚了，又附帶了一句，她認為這件事並沒有什麼關係。

面對這個意外的答案，我反問她何以這麼認為，他表示因為兒子本來就不怎麼喜歡爸爸，所以對離婚這件事他也贊成，能夠接受。

「會和這有關嗎？」她有些擔心地反問我。怎麼會沒有關係呢？

「有很大的關係吧！」我這麼說，她很不服氣回說：「對父親，兒子好像根本就沒有什麼想法。」

「就算是這樣，你們為什麼會離婚呢？」我詢問了理由，她說，「因為一直覺得很討厭。」

「討厭什麼呢？」我進一步詢問，但她沒有清楚地回答。

我問她是否因為外遇或是遭家暴離婚。她表示，非但這些狀況沒有發生，甚至連一直到提出離婚之前，連大吵一架都沒有。

「並沒有什麼事情特別的不好，但是有一件事情是我無論如何都無法容許的。」

「是什麼事情？」

她的回答令我感到非常意外。

「我先生好像很討厭我的母親，這讓我無法容許。」

我進一步探詢狀況後，為之驚嚇。她的母親每星期都到她家裡住，而且照慣例一住就是兩三天。

「站在妳先生的立場，會感到討厭也是很自然的事吧！」

「但是我媽媽來會幫我做家事、幫忙照顧孩子啊，對我來說是很大的幫助。而且我跟媽媽很有默契，配合得很好，小地方她都會幫我注意。但跟我先生就沒有這樣的默契了，我們總是不合，想說都已經這麼討厭了，再跟這個人在一起的話也沒有什麼意義。說到要選擇誰，這好像連想都不用想吧！」

「所以妳是說妳選擇了媽媽而不是先生？」

「是的！」

「可是，這樣的理由妳先生願意接受？」

「最初他也是無法接受，也說他不想離婚；但因為我一直提，所以我想他大概也覺得已經無可挽回了吧，最後他就屈服了。」

「妳先生現在過得怎麼樣呢？」

「詳細情形我不太清楚，我想是一個人住在公寓裡吧。只要他會付養育費，其他的就跟我沒關係了。」

「但是，跟妳兒子有關係吧？我要是妳兒子的話，就會想用力賞妳一個拳頭。」

「有這麼糟嗎？」這個時候她的臉才整個僵了起來。

對母親的行為感到奇怪或是反彈、一直相處不融洽的個案不少，但另一方面意外多的是母子緊密連結的個案（雖然這麼說，但指的不是啟與母親，而是母親與自己母親的關係）。越是優等生、好孩子，這個比例就越高。母親了解自己的一切、協助一切，是最好的朋友，也是最有默契的夥伴，同時是最佳的管理者。不管朋友、情人、配偶，跟母親一比較，其實都是不能信賴，勉強配合得來而已。結婚之後也是，當從戀愛狀態清醒，在性的關係變得淡薄後，異樣感逐漸增強，漸漸覺得對方是個障礙物。

令人驚訝的是母親對此狀況的態度，這個案例的情況也是如此。母親非但沒有勸慰女兒讓她打消離婚的念頭，還對女兒說些女婿的壞話、煽動她離婚。當離婚這件事提出來之後，她更督促要女婿快點接受。丈夫不得已之所以接受了離婚，除了妻子一直逼迫之外，也是由於岳母不斷勸說，實在讓他受不了。

從母親的角度看，女婿是她和女兒之間的闖入者，她一直都有想要消除這種三角關係，獨占女兒的潛在願望。把女婿趕出去，用排除的方式來成就這個願望，從此之後就可以毫無顧忌地待在女兒身邊，可以更理所當然地前去幫忙女兒。

然而這樣與其說是身為一位母親的行為，不如說是母親滿足自我愛為優先所採取的行動。母親可能認定自己是為了女兒，但結果卻只是為了滿足自我的安樂與獨占欲，於是從女兒手上把丈夫趕走，還從孫子身邊將父親推開。

這種母親的案例，絕非例外。如果是成熟母親的話，會希望孩子幸福，並且盡量避免介入夫妻與親子關係，會選擇退讓。雖然這麼做會伴隨著寂寞，但是為了孩子的獨立與幸福，要學會忍耐這樣的孤獨。

然而只愛自己的、不成熟的父母，會採取恰恰相反的方式。他們想要繼續當主角，不想讓出自己在孩子心目中特別的地位。對於成為戀人或配偶這樣的存在，就算是看似暫時交出寶座，在內心裡仍然會一直執著。只要有一點縫隙，就會想要再回到那個寶座上，在無意識中策劃著，朝向撕裂關係的方向行動。

從孫子啟的立場來看這個狀況是，過去感情沒有什麼不好的父母突然要離婚，最能忍耐也最有人情味的父親要被家族排除，說是父親有嚴重的問題；也聽到了一些責備父親的話，最後還演變成失去父親。在這種情況下他只感覺到一種無可解又無處可去的憤怒，那也是非常自然的反應。不管是母親或外婆，都只用自己的觀點來看事情，但肯定也只有兒子啟會用稍微冷靜來看這件事情。

過去因為有父親在，啟的行為多少可以被抑制，因為父親是一種禁制力。而妻子與岳母卻只把他看成一個冷淡又鬱悶的存在，就在她們把這個覺得沒有比較好的人趕出去的當下，就像一塊巨石被搬開似的，兒子的暴衝也就出來了。他無意識地將憤怒加諸於把父親趕出去的自私母親身上，由於失去了父親這個抑制的力量後，發生爆衝行為也是必然的結果。

當母親後來可以比較客觀回顧時，她發現自己被誘導至受自己母親支配、對母親言聽計從中。對母親之外一切的關係都變得疏遠、對丈夫的感情疏離。她開始有再這樣下去就連跟兒子的關係都會變質的危機感。最後她讓母親到家裡過夜的次數減少，更珍惜與兒子的相處與關係。

然而，事到如今才這麼做，對兒子來說，已經失去的父親再也回不來。對把父親趕走的母親，在心底某處總潛藏著反抗與敵意。如果強迫他要跟自己有更密切的連結，他會受不了。他應該也會解讀成是母親的自私吧。

兒子絕對不會說出來的心裡話，或許是要母親到父親面前道歉、請求他回來，就算硬拉也要把他帶回來，就算討厭也要忍耐不要總是抱怨，要好好地相處、生活……然而這些他卻沒有辦法說出口，於是只好以間接的形式發洩憤怒。

因為父母離婚失去父親的孩子，在表面上可能會安慰著母親、愛著母親，心底深處卻容易潛藏著憤怒與反抗，也是因為他們看穿了大人自私的假象。

就這樣，啟對於父親被趕出家門這件事，一個過去所尊敬的父親背上了莫須有的罪名，覺得無法接受，心裡總帶著疙瘩。這種失去理想化對象的經歷，不可能不對孩子的心靈發展產生影響。

這種情形首先容易出現的反應，就是對大人或他人的不信任感。對於要去尊敬人、信賴人變得很困難。因為曾經尊敬的人遭到自己愛的人控訴、放逐，這是對孩子的二度傷害，會使得他們陷入對人的不信任與絕望。

更進一步的，對社會的公平與正義也失去了信賴，變得只相信自我愛與欲望。甚至當連應該成為模仿對象的人，都只為了愛自己或為自己的感情而活時，孩子會這麼想也是自然的發展。

相信未來，奮發向上努力，這些很快會成為廢話，因為就連曾經當作標的尊敬的人，都這麼簡單地就失敗，變成一個悲慘的人，那麼朝著目標努力到底又有什麼意義呢？毋寧說他們會學到的是這個世界就是受欲望驅使的世界，只要做自己想做的事、隨自己高興就好。那麼就算孩子走上脫軌的暴走行為也是必然的。

・・伊底帕斯情結的現代意義

也有不少孩子與父親彼此相處不佳、孩子積極勸說希望父母離婚的情形。然而在這裡必須注意的是，孩子對父親的評價受到母親對父親評價很大的影響。孩子積極排除父親的情形也是。有許多情況其實是在揣測母親的心意下所做出的行為。

伊底帕斯是底比斯國王拉伊俄斯之子，他被科林斯國王波呂波斯所領養，後來為了逃避他將弒父娶母的可怕神諭而離國。之後，卻又在無意間殺死底比斯國王，娶了前任國王的遺孀，即其生母伊俄卡斯特。伊底帕斯預言的悲劇，以現代方式來解釋的話，就是被拋棄的孩子在無意識中復仇的故事。但是這個故事還有一個地方沒有被提出的，那就是潛意識的力量，也就是被奪走孩子的妻子對丈夫的憤怒，那種想找回孩子的怨念。是讓孩子去排除丈夫、取回母子緊密連結的關係，就是兒子體現了母親的願望，從父親身邊奪回母親。

這樣的事態在現代並不少見。加入殺父行列的不是只有孩子潛意識的衝動，也是把孩子視為自己所有物的這種母親潛意識願望的驅使。

實際上只要看現代家庭發生的案例，就可以清楚明白伊底帕斯的願望除了是孩子的願望外，更是母親的願望。與其說是伊底帕斯情結，還不如說是母親伊俄卡斯特的欲望將孩子吞噬的結果更能解釋，稱之為「伊俄卡斯特情結」這個詞或許還更適合。

就像這樣，父子關係很容易受到父母關係影響，父母親關係不穩定的話，父子關係也容易不穩定。母親對父親的負面情感，不可能不將孩子牽扯進來。

從女婿身邊要回女兒的母親

母親要排除父親也就罷了，母親因為要排除女兒的丈夫，使得女兒的孩子失去父親這樣的悲劇，也時有所聞。下面就是一個個案。

麻由佳（假名）與丈夫經過熱戀而結合，兩人有了孩子，覺得一切都很順利。但是在第一個孩子出生時，就開始為一些小事一再地爭吵。有了第二個孩子後變本加厲，往往只要丈夫一句話就會爆發，演變成大吵大鬧的情形也越來越多。於是終於走到離婚這一步。

爭吵變多的關鍵在麻由佳潔癖的性格以及容易受傷害，一點小事就讓她覺得是丈夫在貶低她，因而產生激烈的反彈。麻由佳不喜歡帶小孩，被家庭束縛讓她感到焦慮。自營商的丈夫從早到晚忙於工作，感覺像是把家裡的事情都推到麻由佳身上。

然而，關係開始變得不融洽時，她並沒有想過要和丈夫離婚。麻由佳並不是出於本意想要離婚的，她只是希望丈夫能更了解自己、更照顧自己的心情。然而當怒火一下子上來的時候，就會不小心脫口說出已經走不下去了、想離婚等等。這些話當然也有想藉此要脅的目的，以及希望丈夫能改變的想法在。

然而母親卻把女兒的悲嘆與吶喊以自己的意思來理解，認為自己可愛的女兒正在受苦，便開始強烈指責女婿，終於說出「請你出去」這種話來。

母親在女兒生產時，為了幫助女兒才進入女兒的家庭；但自從生了第二個孩子後，更是完全替代不擅長帶孩子和做家事的女兒處理家務，幾乎等於像管家一樣掌管女兒家中大小事。女兒與丈夫間相處越來越不融洽，感情不佳雖是原因之一，但也就是因為有岳母在，夫婦之間少有機會單獨溝通，丈夫因而覺得這樣的生活沒有什麼意思。

何況，母親原本是希望女兒能嫁給大型企業白領階級或是公務員，對於自己開店當老闆的女婿不甚滿意，對他所做的事盡是不滿與批評。開始的時候女兒還會護著老公，一旦跟老公的相處出現問題，對丈夫的指責就更讓她覺得生氣，於是會對老公說些嘲諷的話，口氣也轉為責備。

從第三者的眼光來看，這個構圖就是被女婿搶走女兒的母親為了反撲才撕裂兩人的感情。就算是被妻子責罵，總還能忍耐的女婿，當被岳母說「請你出去」這句話時，遠超過他所能忍耐的極限。

原本是兩人的家，岳母實在沒有立場說這樣的話，以一個男人的尊嚴來說，已經不容許再繼續下去。他想斬斷的緣分與其說是和妻子的，不如說是依附妻子的岳母。在母親的操控下，就這樣地女兒失去了丈夫，兩個孩子失去了父親。

冷靜回頭看，女兒後悔離婚，開始想要重新來過。然而，以一個男人的尊嚴，丈夫卻拒絕了。他並不是不能接受這件事，只是對過去一路的忍讓及所有不公平對待，做出強烈反應而已。他已經無法再接受了。

然而犧牲最大的是兩人的孩子，孩子因為大人的關係而失去了父親。

・・被植入否定的父親形象時

母親與周遭人對父親的想法，若有憎恨或嫌惡這種負面情感時，孩子對父親的感覺不只會被扭曲，還容易損及孩子的自我肯定感。

自己的孩子應該是可愛的，但同時由於也具有父親的血緣，所以會有憎恨情感在。母親會有意無意對孩子表現出愛與憎恨這兩種極端的情感。

有時候會對著孩子說：「你跟那男人還真像。」這種對丈夫的憎恨一再掛嘴邊。母親或周圍的人對父親的負面感情，會透過言語或氛圍傳遞給孩子。

孩子透過否定人格母親的責難或訕笑，去認識被視為是壞人的父親。反應出對所愛之人的憎恨或敵意，可說是孩子人生當中初次遇見的壞人吧。

孩子把身旁的大人視為理想化的對象，然後自己慢慢培養出自我愛。通常女性的理想化對象是母親，男性的理想化對象是父親。當植入否定的父親形象時，會使得男性難以培養出自我理想形象。當身旁若有男性可取而代之的話會比較沒有問題，而在無可取代對象的情況下，便會影響到孩子對大人或他人的信賴感與自尊心的發展，形成對世界抱持否定且悲觀的看法，對任何人都會採取挑釁的態度，

‧‧依附障礙的家暴

最適合拿來當作父親是壞人的理由，就是暴力與攻擊性。不只是身體的暴力，言語或態度造成的騷擾也包含在內，被稱為家暴。行使家暴的男性有很多都是因為與他人無法保持距離，有把情人或配偶當作自己所有物的傾向。

容易陷入家暴的人，通常與他人相處並無問題，然而與自己愛的人、親近的人，彼此的分際就會變得不清，形成一種非常不成熟的對待關係。也就是說他還停留在母子融合的

狀態並沒有結束。

女性之所以本能地討厭戀母情結的男性，也是因為如果受到母親的控制，會使得婚姻生活過得很辛苦；更絕大的原因是，女性可以很本能地嗅出男性本身精神上的不成熟吧！對於未脫離母子融合的人，要他像個成熟男人般地保護女性、愛女性，會是一件困難的事。而女性其實非常巧妙地看穿了這一切。

家暴的男性有許多不是跟母親太過親密，就是關係十分不佳，很少有人是健全地從母親的關係中畢業的。可能是父親缺席，或者看著父親的暴力長大，集合這些惡劣條件的人也很多。不論何者，大多數的案例共通的特徵就是有依附的障礙。

男性的依附障礙之所以容易伴隨家暴問題，如果去思考主導男性依附情感的荷爾蒙血管加壓素的特性就能夠理解。血管加壓素重要的功能之一，就是為保護自己所愛的人而賦予攻擊外敵所需的勇氣。同樣的攻擊性如果用來攻擊所愛的人，就是家暴了。它是如何偏離本來角色的呢？非常明顯的，整個是呈倒錯狀態，也意味著依附關係發生了障礙。

然而問題只在依附障礙、會對所愛之人施暴的丈夫身上嗎？

我們發現依附障礙有時會藉由與配偶關係獲得改善，但也有些會因而惡化，夫妻間暴力行為的開始，即意味著雙方間的依附關係開始不穩定化。

如果丈夫本身已經有依附障礙，與其說是丈夫本身的問題，很多時候是因妻子沒有能發揮安全基地的功能。妻子的關心或精神被其他事情分散，照顧不到丈夫身上。那麼依附情感不穩定的丈夫，很快地就會變得不穩定，因而對妻子產生攻擊。

當然，也有很多情況是由於壓力變得沉重。像職場過度的精神壓力、小孩的問題、經濟問題等，壓迫了精神上的餘裕，使得體貼與關心變淡，關係變得疏遠。然而無論哪一種狀況，都會妨礙彼此作為安全基地的功能。

考量這樣的背景後，就可以了解若單純將家暴這個行為提出討論，只把這一點視為問題的話，並沒有辦法解決根本性的問題。反而將導致離以恢復的狀況。

如果離婚是目的，那麼將家暴問題提出，視為只是丈夫個人的問題而進入調停或審判，這應該已變成純粹是在排擠丈夫的意味了吧？但如果真正希望的不是離婚而是找回家庭的圓滿關係，那麼用家暴來判定丈夫的罪，走向審判、贏得離婚判決，是否就真的能獲得幸福？受最大傷害，連未來都被扭曲的，既不是父親也不是母親，而是孩子。孩子將一生背負著父親因家暴被判離婚的十字架。

家暴這種診斷或介入處理，是從美國引進，在合法擁有槍枝的暴力犯罪是日本倍數的美國，也許有其必要性。但是美國式的鐵腕作風是否真的應該拿來當範本，這又是另一個值得探討的問題。即使在美國，是否真的能有效發揮它的效力呢？只要看看目前的現狀就會發現。在美國，沒有父親家庭中長大的孩子占全體的三分之一。而在沒有父親的家庭中長大的孩子，將來發生犯罪或藥物上癮或離婚或陷入貧困還有家暴的風險上，都呈倍數增加。

‧‧以彼此的安全基地為目標

伴侶之間連結讓夫妻、情侶間的依附穩定，同時也會造成依附的不穩定。依附關係是人際關係的基礎，也是精神安定的基盤。當依附關係穩定時，伴侶就能發揮安全基地的功能；與伴侶的關係穩定時，彼此就能成為互相的安全基地。

所謂的安全基地，是一個有任何困難都可以坦言提出，可以獲得理解的存在，一個無論什麼時候都可以跟你說沒關係的人。

伴侶以安全基地的作用發揮功能時，就能維持平穩的生活；然而當其他的負擔增加時，伴侶的精力被那些負擔剝奪的話，安全基地的角色就會疏於扮演，顯現出不穩定的關係。酒精上癮、外遇、家暴等問題就是其中的代表。就像被父母拋棄的孩子一樣，被伴侶拋棄的成人也會以走上「歧途」的方式，企圖掩蓋自己。

因此若責怪當事人，將他推開，並停止提供安全基地功能的話，將會使得事態更加惡化。若問題發生在初期，還可以朝著找回安全基地功能的方向努力，那麼家暴等問題也可以獲得改善。

同時不要只關注在問題行為上，還必須用更高遠的觀點來看彼此的關係。不體貼的行為或不高興的樣子、言語暴力或家暴、對家庭不關心、酒精上癮等逃避的行為，其實都只是結果的顯現。如果回溯其根源，有很多時候是因為丈夫自身失去了安全基地，所以會一直背負著那些無處可洩的感覺。

這其中當然也跟當事人自身的問題有關，如果再加上工作承擔的精神壓力沉重，伴侶沒有發揮安全基地作用時，就會更加雪上加霜。

為了改善這種狀態，必須找回安全基地的功能。然而在彼此身心疲憊、沮喪、焦慮的狀態下，很難做得到。

首先應讓第三者成為他們各自的安全基地，去理解他們的想法與痛苦，並整理出發生了什麼事情，商談想要怎麼做，或者為此需要的是什麼。

當事態嚴重到某種程度時，雙方將變得容易受傷，憤怒一下子就會化為暴力或惡語相向，此時必須暫時保持距離，讓彼此冷靜下來。

當丈夫有發展障礙或依附障礙，妻子有更年期障礙或憂鬱狀態導致情況惡化時，藉由改善這些狀態能降低彼此的焦慮感，並且讓完美主義的傾向稍加修正，找回圓滿的夫妻關係與親子關係。也有不少這樣的個案。

若受傷太重，無法找回元氣與平靜，很難重新來過的話，也就不得不把關係畫上休止符。然而，若本人期望的不是破壞關係，而是希望恢復關係時，那就需要再一次成為彼此的安全基地，往彼此都能獲得成長的方向去努力。

・・司法模式的極限

遺憾的是，一直以來施行的夫妻關係介入處理，都是把著力點放在支援妻子身上，往往會把丈夫視為是「惡人」。這樣介入的結果，大都朝向夫妻分開的方向。也因為這樣的處理方式，讓孩子不只失去父親，一生還背負著「壞爸爸」的否定父親形象，把父親想成是一個無可救藥、只能跟他斷絕關係的人。然而這種否定父親形象如果有一半是被塑造出來的話，那就真的是好幾重的悲劇了。

要防止惡性循環，在修復關係上最重要的是，不要固執於每一個行為的善惡，要用更具高度的觀點來看問題。若將每一項行為都當成問題，會看不見整體的樣貌；只把行為的善惡看成問題，就不是在修復關係，而是在破壞關係了。因為對方傷害了自己，所以也要傷害回去，這種攻擊的連鎖反應即使把一個一個攻擊都當成問題也停止不了。

在屢屢出現的家暴中，如果只看最後的結果，男性行為是更具侵略、有害的東西，所以錯在男性身上。於是男性被視為惡人、被貼上家暴男、家暴夫這種標籤定罪，很容易採用將男性排除於女性生活圈的方式來處理。

當然，雖然有些個案已經走到必須如此的階段，但是這樣的處理方式，是採加害者、被害者的司法模式，即使以法律的解決是有效的，但心理社會層面的關係修復上不一定能成功，往往關係會被破壞。這始終是最後的處理手段，真正需要的是在更早一步的階段，去做關係修復的處理。

事態會變得如此，基本上是因它以家暴的方式來理解，這就是一種短視。只把發生的事情一部分拿出來討論有它的極限性。這種用語中有感情上的責備意味，以及強烈的被害者意識，其中更欠缺真正解決問題不可或缺的中立觀點。

用家暴這種概念來看待伴侶的女性，只用「加害者」與「被害者」的這種觀點來看兩人的關係，把對方視為「加害者」、「惡人」。這種女性方面的反應不但不能改善關係，更容易強化對方的不信任感，結果反而使得攻擊更形擴大，導致最後只能用離婚的方式解決。

‧‧也有必須積極離婚的狀況

相對的，也有必須積極離婚的個案。已經陷入只要不離婚就很難找回個人主體性的狀況。同樣有許多情形是與父親這種病有深切相關。

其典型就是女性會與父親的替代人物陷入惡性關係。在這樣的狀況下，女性會放棄自己的主體性，認定自己只能依靠對方的庇護生存下去，在精神上、經濟上都依賴著對方。不管在性方面也好、精神層面上或經濟條件都隸屬於男性，也藉由接受自己是男性的所有物關係，才能保持內心的安寧。然而在這種情況下，多半會伴隨著配偶間的家庭暴力。

如果婚姻處在這樣的狀況，那麼家庭的功能將會成為一個留住女性的「鳥籠」，這個婚姻對女性的人生來說就是最大的障礙。

當無法成功跨越母子分離階段的女性，經常容易陷入這樣的狀況。脫離這樣的狀態對當事人來說，將成為她的人生課題。而讓孩子看見這種依賴的生存方式本身，就是對孩子有害的一件事。

在女性自立心覺醒之際，消除這樣的依賴關係，是必要之務。這個鳥籠並不是全然有害，到某個時期為止或許確實是一個對培養安心感有幫助的鳥籠；但很快地會成為不需要，並且大多數還會成為阻礙成長的絆腳石。

脫離隸屬關係、自立生活，對孩子來說也是一個良好的範本。在有孩子的情況下，必須摸索出一種超越婚姻形式的，與父親的新夥伴關係。

依存的婚姻生活，從男性角度來看，很多時候配偶就是一個百依百順、只會對自己言聽計從的女性，而這也意味著得到了一個「理想的母親」。總之，男方處在母子融合的階段，沒有完全成為成熟的男人、或是帶著與父親的糾葛，於是只能以這種支配的關係與女性相處。

也就是說，這種依賴的婚姻是屬於應該要跨越的中間階段。當男性的主體性想要獲得成長的時候，這樣的婚姻就失去了它存在的意義。因此為了邁向更自立的關係，離婚就成為了必要的關卡。

第七章

永遠的父親

一直追求著父親的孩子

父親是一種比母親更容易影響社會心理狀態的存在。父親之所以能發揮如此強大的作用，不只是因為人類身上具有特異的經營進化能力，更是在進入農耕社會後開始，與文明成立的同時發展出來的關係。

當文明愈進化，社會越是複雜化，而父親的職責應該變得越大才是。然而之所以父親的存在變稀薄的狀況，始終是因與過去以來父親所承擔的角色，在社會的組織架構中，現實中的父親被奪走也有關係吧。

例如，教育這個制度在某種意義上，就提供了非單一而是複數的、更具高度知識與技能的替代父親組織。只要仰賴制度性的教育部分增加，作為社會與家庭連繫橋梁的父親，出場機會就會減少。整個社會變得不是與父親一起遊戲、幫父親工作，而是到學校或私塾去，向老師學習來得更有用。

相反的，若父親非要勉強自己教育孩子的話，那麼將會損及孩子與父親的適切距離，有可能會發生支配孩子的問題。曾幾何時，即使在工作上兼任老闆工作也不為奇的父親，卻很少承擔這樣的角色，父親與孩子相處的時間與空間受到了限制。教育與產業的集權、大規模化，無節制地弱化了父親的角色。賺取這些費用幾乎成了父親唯一的使命。

然而，就如本書內容所言，孩子內心對父親的企盼，或許沒有如社會的那般變化。但渴求缺席父親的心情，反而可以說是激烈的、強烈的渴望，甚至可以說是在背後操縱了孩子的一生。

結果對孩子而言，父母都是必須的。雙方各自都有他們擅長的關愛方式、專長的時期。在嬰幼兒期，母親的職責相對重要。母親忍耐力強、付出無微不至的照顧，終究是父親無法匹敵。

然而隨著孩子日漸成長，父親的職責也變得重要。首先是他必須幫助孩子脫離母親，同時也要教導孩子社會的規範與嚴峻。此外，在遊戲這件事上，父親擁有母親所缺乏的特質，可刺激孩子們的行動與對知識的好奇心。而從青春期到青年期，父親存在的重要性更是進一步地增加。作為引導孩子走向社會的導引者，並擔任著保護者、教練，有時還會扮演反面教師的角色。

受到這樣父親支援的孩子，可以說是何其幸運。即便它還不至於是生存之必要、不可欠缺的，但是若能擁有的話，對一個人的成長來說是相對有利。因此，孩子需要父親，當現實的父親沒有發揮作用的時候，就會藉由心中塑造的理想父親，來填補現實生活中的欠缺。

相較於與母親的關係，與孩子存在的根本穩定息息相關，與父親的關係則與孩子朝向哪個方向走的人生方向性或社會相關部分的連結性大。父親不論是模範或反面教材，都是以自身的人生成功與失敗，來告訴自己的孩子應該那麼做，或者不應該這麼做。

在現在，即使是完全瞧不起父親，或者只覺得父親可有可無，在已經回憶不出的過往中也曾會有過想要認同父親的時期。那樣的憧憬，是孩子企圖想要跨越恐懼父親與愛父親的心情糾葛，是孩子想要抵達的目的地。

不久之後，對父親的憧憬會褪色，孩子會與父親保持距離，開始獨自走自己的路，而那是朝向自我確立非常重要的一步。父親接受這個新的階段，靜靜地守在一旁，讓孩子在必要時才前來求助，就能順利獨立自主。

然而，若父親執著於自己的道路，把自己而非孩子的願望強加在孩子身上的話，孩子自立的過程將受到阻礙，父親與孩子的想法差異會擴大，導致激烈的反彈與迷失。

即便如此，在某段期間曾經擁有與父親正面、肯定關係的孩子，容易與長輩維持良好關係，並獲得援助與關愛。

不過，當對父親的恐懼過強時，或與雙親不穩定關係，使愛父親的感情被扭曲，孩子將無法跨越與父親的糾葛，那麼就會想要以對父親的敵意和輕視來保護自己。這樣的傾向不只是對父親，也對所有其他人，特別是對長輩容易變得相處不融洽，或是會有反抗、無法信任的傾向。

從對現實父親的失望感，促使孩子想追求完全相反的理想父親，或者想要變成那樣的人。然而孩子同時還是擁有想被現實的父親所愛，想認同父親的願望，在不知不覺中會變得與自己曾經憎恨的父親越來越像、越靠越近，最後連自己都變成了那樣。因為無論是怎樣的父親，孩子都無法完全憎恨。還是會希望被認同、希望被他所愛。

‧為了克服父親的缺席

不過，幸運的是，父親的缺席或拒絕比母親的缺席或拒絕容易克服。與母親的不穩定關係，會連存在的基盤都動搖，但與父親的關係通常沒有那麼大的影響力。若是與母親的關係穩定，就算是父親缺席或是與父親的糾葛強烈，也不致於影響本身存在的根基。

與父親的關係一般而言都比與母親的關係疏遠，影響或損害也相對減小。與母親的關係穩固，母親也能發揮安全基地功能的話，即便與父親的關係有些不穩固，其影響也會比較小。毋寧說應該要補償父親缺席，或是把現實的父親視為反面教材，去追求理想的父親或是成為那樣的人，因而把不利變成有利的情況也不少。

然而若是母親自己本身就不穩定，或是母親缺席、與母親沒有建構穩定依附關係時，影響就會變得深刻。在這樣的情況下，母親沒有發揮安全基地的功能，就會改以依附父親或去認同父親。若父親的關心轉移到其他地方，或是從家庭消失，或不幸去世的話，孩子受到的傷害就會比想像中要來得大。

母親早故的話，由於和母親在早期就分離，對父親的依附程度就會強大；若父親再婚，父親對孩子的關心變淡，同樣也容易對孩子造成傷害。

此外，明明是女孩卻無法以母親為認同的對象，或是母親沒有發揮安全基地功能時，會對父親產生強烈認同，努力想要得到父親的認可，而這也是一種兩面刃。當陷入無法回應父親期待的狀況時，孩子會被逼到無路可走。在這層意義上，被那種偏重學歷或投入運動世界的父親，以斯巴達式教育的個案，就蘊藏著危險性。我經常遇到一些個案，雖然成長過程中都是優等生，但成績卻突然一落千丈，或在體育表現上遭受挫折，變得不良或變得自暴自棄。

更危險的狀況是陷入性虐待那種極端侵犯關係的孩子。一般都伴隨著母親缺席或是功能不全，顯現出無處可逃、無可庇護的狀況。對父親有精神上依賴性很強的一面，甚至對一再做出這種自私行為的父親都無法憎恨。

無論何者，在情況嚴重的案例中我們可以看到，都同時出現有母親缺席或功能不全的狀況。母親與父親是互補關係，為了彌補父親的缺席或功能不全，母親也只能努力成為孩子的安全基地。若是連母親都做不到的話，那麼孩子將會失去他的避風港，可能會導致疾病的發生，或是只得仰賴危險關係或行為。

・父親替代者與陷阱

父親缺席的人，為了能培育出健全的自我理想，獲得屬於自己的自我認同並達成自立，就必須要有能彌補父親缺席的存在關係。特別是有母親功能不全或缺席問題，必須要有人擔任父親與母親這兩方的角色不可。當這個需求或渴望過於強烈，就會出現危險對象或不適任的人來擔任這個角色的狀況。那樣不但不能保護他的人生，還會導致瘋狂的結果。

特別是想要追求父親替代者的女性，為了要獨占對方，很多時候都會陷入性關係。但是，在這當中若追求的是理想的父親形象，終究都將會遭到被背叛的命運。那是因為擁有性關係的本身，就會損及對方的父性功能。在追求父親角色的同時，又與對方發生關係的話，就會變得不是把尊敬的對象當成父親，而是把他降格為憐愛的愛人。這樣關係的末路可以清楚看見。

為了避免這樣的弊害，必須由不會陷入性陷阱、具備自制心的人來替代父親本來的機能。父性功能不成熟的男性，會不敵性的魅力，成為一個誘惑女兒的最差勁父親。以這樣的意義來看，把患者當成情婦的榮格是有這方面缺陷的。由於父親缺席與不穩定的母親關係雙重的不足，比起擔任他人庇護者，更需要的是一個能讚賞自己的支持者。

雖然有保護這個人未來的責任，關愛也有其必要，但停留在母子融合階段，或是沒能從伊底帕斯階段畢業的人，很容易將同情轉換成為性關係。女性方面也是，在你遇見一個如守護者般存在的人，必須小心不要陷入性的陷阱。雖然能吸引對方、獲得他的協助，但並不需要連身體都交付出去。因為憧憬或尊敬的關係更為重要，那才是一個人成長的原動力。

另一方面，對父親缺席的男性來說，與替代父親的存在關係也很重要。由於陷入性陷阱的危險性較少，與值得尊敬的老師或前輩之間培育出良好關係，便可以彌補父親的不足。無論在運動場上、在追求學問或技術上都可以。遇見良師，同時感受到如父親般的溫暖、溫柔、嚴厲或堅強，都可以藉此彌補缺席的遺憾。

然而對父親缺席的人來說，會教自己做些危險或不好事情的人，經常是看起來很有魅力的人。因為父親有誘導孩子去冒險或走向外面世界的任務，在不懼危險的壞前輩身上，可以感受母性化的父親身上所沒有的真正父親的風範。

哲學家齊克果在知道父親與母親關係的祕密時，受到很大的打擊，好幾年都陷入了脫離正軌的生活。因為父親讓身為女傭的母親懷了孕所以才結婚，這完全打破了他受人敬愛又偉大的父親形象。

當時教壞他的是浪漫派詩人米勒（Møller, Poul Martin）。失去應該尊敬的偉大父親理想形象時，齊克果在這個宛如壞父親化身的男人身上，感受到他的魅力與親近。然而，長達三年的放蕩生活讓他感到厭惡，就在他和將死的父親和解時，齊克果離開了米勒，對這個無賴的詩人開始懷著強烈的嫌惡感。

結果齊克果沒能把這個視為是壞父親的米勒在自己心中重新統合，他再度地被清新父親形象困住，對自己汙穢的半生閉目不視。若米勒是稍微正經一點的人，又或者父親可以再多活得久一點的話，齊克果或許可以不用被對父親抱持的罪惡感給困住，也或許就能夠把自己內心汙穢與潔癖的部分統合起來，與現實成功地和解。如此一來，也許就能成全他跟解除婚約的維珍妮的愛了吧。

‧‧培養看對方的眼力

為了防止過度的理想化，以接受對方現實中的樣子，就必須培養辨識的眼力。他是不是依附關係穩定的人？母子關係穩固嗎？是否已從母子融合中畢業達成母子分離？與父親之間的糾葛是否已獲得解決？

如果在依附形成階段留下問題的話，會缺乏基本的安全感，或容易受傷，或情緒不穩，增強對自我的否定。信賴關係很輕易地就能反過來變得不獲信任，那麼維持關係本身就會變得比較困難。

若是無法通過母子分離階段，將變得不知如何保持距離，或是會變得依賴，或顯出誇大的萬能感或強烈的自我愛這樣的特徵。自尊心與理想性很高，卻與現實的能力落差很大，不適應團體與環境。工作或人際關係也會不順利，於是壓力便更進一步增強，把不滿或挫折往伴侶身上發洩。由於在伴侶身上追求理想的母親，因此對不如所願的伴侶就會感到強烈的憤怒。

父親機能性的缺席，也容易伴隨著相同的傾向。

在與父親的糾葛未處理的情形下，會對三人關係感到棘手，或是獨占欲過強，個性過於倔強很難與人妥協。有時候比起感情更信奉的是力量，就像父親的對待一樣，會想要以力服人，用無視的方式貶低對方，因而家暴或騷擾的危險也會增加。面對他人會感到緊張，欠缺社會性與柔軟性的一面。

若把眼光朝向這一點上看，就能夠掌握對方大概在哪一個階段有問題。必須要在能把握這樣狀態的基礎上才能繼續交往下去。若非如此，很快地這個關係會變得充滿痛苦，很容易走不下去。依伴侶的連結方式不同，對當事人精神上的穩定或人生課題的克服也有很大的影響。

・・不要被理想的父親形象所惑

父親的缺席或機能不全伴隨的問題是，為否定的父親形象或為彌補父親缺席創造出理想父親形象，而容易被現實所擺布。

被所謂偉大父親這種理想形象所困的人，對自己懷著罪惡感，以義務、責任為優先，強迫自己過著過度嚴峻的人生。過度認同理想父親的女性，會拿被理想化的父親來做比較，因而對現實中的男性感到失望，進而逃避。

相反的，對父親抱持的否定想法或否定的父親形像，也會在不知不覺在人生中烙下陰影，與人的關係無形中會被操弄。如同前面的章節所述，若是女性容易影響到與兒子、父親、上司的關係；而男性的情況也是，會左右與兒子、同事、上司的關係。

被父親否定的人，會在男性長輩身上企求庇護自己的理想存在，若發生什麼與自己所想不一樣的狀況或受到傷害的話，就會感到失望與憤怒而頑固抵抗，或產生輕蔑對方的反應。無法找到能讓自己冷靜的妥協點。

對父親感到失望，被理想的父親形象困住的女性，容易將保護自己的男性理想化，懷抱著憧憬與尊敬，很快地會開始展開交往。而當實際在一起生活的時候，才會看到那個人的脆弱與自私，發現他並非自己想像中所描繪的那樣，於是陷入強烈的失望與憤怒。

在理想化的期間，雖然處於甜蜜的狀態，但一旦看到令人討厭的一面，會覺得結果還不是一樣？很快地就清醒過來。如此一來他所做的一切全都會變得看不順眼，只要一句否定的話語，就會演變成激烈的爭吵。這樣的衝突於是又會加強對方非自己理想對象的想法，結果就是加快結束關係的速度。

於是妨礙本來所愛，為了彌補否定父親形象這一點才創造出的理想父親形象。

換句話說，是在不自覺中不是錯把對方當作會保護自己的「理想父親」，就是把他當作是跟父親一樣只會否定自己的「壞父親」這樣的二分法來判定。若能跨越與父親的糾葛，接受現實的父親有好的一面也有壞的一面時，就能從這種極端的二分法中畢業，可以用全面的觀點來看待對方。如果無法從這樣的糾葛中畢業，就容易產生極端的反應。

漠視對方或是責備對方的情形會增加。於是過去一直受到崇拜、被信仰、受支持照顧的男性，在女性的態度變化中感覺到自己被看輕，而開始覺得憤怒。

男性這方，同樣也有不穩定依附的問題，會在異性身上追求理想母親的案例也很多。因此，隨著對方的改變，顯示出她不是理想的母親時，會感到失望，導致遭背叛的憤怒結果。

像這樣彼此追求理想父親與母親的願望，一旦開始發生誤差，鴻溝就會越來越大。即使重複不斷的爭吵，但在性愛的引力作用下，還能一再和好，然而不久之後就會來到憤怒情緒戰勝愛情的階段。一旦如此就會從這些帶刺的話語中演變成為暴力事件。

對女性來說早已將對方視為是自己想要逃離的最糟糕父親，如果再繼續關係的話會越來越困難。想要逃離否定自己的父親，卻受到命運的操弄，對這樣的生活已感到厭倦，因此只有分手，將對方從自己的人生當中排除。

過度認同父親的女性，認為遭男性攻擊或否定是無法理解的，會因而引發強烈的抗拒，彼此的關係將很快地會面臨決裂。

如果沒有孩子，被害的情況還比較小；在有孩子的情況下，母親在經濟、精神方面的負擔，以及孩子要背負的心理障礙上，分手不是那麼容易走的路。

更何況，好不容易才從糟糕的父親手中逃出、找回平安的女性，認為這次真的找到保護自己的人，而能展開新生活時，卻又陷入同樣的狀態，這種事時有所聞。一開始認為是理想對象的伴侶，不久之後就會發現和父親的本性完全一樣，是最「糟糕的人」。

究竟是發生了什麼事？光看眼前發生的事也不會明白，有時必須要用旁觀的角度去看待自己的人生，才能看見事情的本質。結果，這個女性追求以及反抗，都是自己心目中的父親。在對方看起來像是自己理想父親時非常開心，但一旦幻想破滅，就會用哀嘆或憤怒的情緒來做衝撞。

特別是懷抱著否定父親形象而心靈受創時，會將另一半與否定的父親形象等同視之，並執拗不從地抗爭，很難妥協。結果，其實她並不是在和面前的另一半戰鬥，而是在和自己本身抱持的否定父親形象在抗鬥。

無論面前出現的是誰，還是會再發生相同的事。將對方視為惡人般地加以排除，並且非得把礙眼的東西除掉才會覺得清爽。然而這樣做卻根本沒有解決任何問題，因為問題還是一樣不變。而且，從孩子身邊奪走了父親，那無異是對孩子將來預留了一道難題。

‧‧帶著否定父親形象的男性

另一方面，男性的情況也是如此。父親的意象會導入到現實的關係裡。促使我們不知覺去追求理想的父親形象，因而對朋友或上司容易抱持過度期待而感到失望。相反的，與父親關係淡薄的人，容易過於保持距離；而與父親糾葛強烈的人，面對人時容易緊張、警戒心強，無原由地採取挑戰與反抗的態度，往往容易增加許多無謂的麻煩。

男性帶著否定的父親形象時，經常可以看到他們與長輩、上司會不斷發生無謂的爭吵；或是一再為反抗而反抗，或對地位比自己高的人做出一些只會讓自己更沒有立場的攻擊。有時候就連不相關的人都會受牽連。而他所對抗的其實很明顯，與其說是眼前的人，不如說是一直在否定、攻擊他的父親，還有跟父親站在同一陣線所代表的法律社會或權勢。

無賴派詩人中原中也的私人生活與他給人優雅的形象相差十萬八千里，他一喝了酒管你是誰都會纏上去挑釁、打架，因此惡名昭彰。中原反抗的，是否定他的父親，也是對與父親同陣線道貌岸然的社會吧。

少年感化院的孩子最典型的就是背負著否定的父親形象，並與之奮戰的案例。很多人有ADHD學習障礙，因為從小性格就不穩定、老是闖禍，所以都是在父親的打罵教育下長大。父親或是老師這樣的大人，成為他們想反抗的人。早一點的從小學低年級就開始反抗，會反射性地採取挑釁對方的態度。

帶著否定父親形象的人容易產生的另一個問題是，與自己的兒子也可能展開類似的爭執。與父親沒有獲得解決的糾葛會再度出現，做出與過去自己反抗的父親一樣的態度與舉止。他並不會發現自己正讓孩子嚐到自己過去嚐過的滋味，並且逼迫了孩子。就好像父親的亡靈附在自己身上似的，而這麼做卻彷彿地達成了對父親的忠誠。

．．從父親的意象中獲得解放

為了防止這種無謂的悲劇，並且能從中回復，什麼是必須要的呢？

首先要有自覺，自己已受到理想的父親形象或否定的父親形象的束縛。去回頭看看，自己有沒有在另一半身上去尋找理想的父親形象？有沒有將對方與你所否定的父親形象等同視之？

從對方身上尋求理想父親形象，在比對後不該是失望，而是應看清對方的真實樣貌。如果感覺被背叛，那麼你就搞錯方向了。因為從一開始就是你自己擅自將期待加諸對方身上的，只因不符合自我期待，就去質疑對方。若站在對方的角度看，只會覺得這是不當的對待而已，因為將對方供上聖壇的是你。

你所追求的理想在現實中並不存在，如果把每個人都拿來比較，那麼大家都是不完美的瑕疵品。要防止過度期待與失望，就不要去追求脫離現實的理想形象，要做的是完整且如實地接受一個有缺點也有優點、不完美的存在，為彼此建立良好關係而努力。覺得對方很討厭時，就要去察覺這是受到自己心中的否定父親形象支配，要擺脫將這個形象投射到不相關人身上的壞習慣，才是你的課題。

這個時候你需要的是，不要去看對方的缺點，要看優點，用同理的、肯定的方式應對，把對方當作安全基地。接受包含缺點在內的對方，因為珍惜那個完整的他才是真正的愛。擺脫那種只有對方是壞人的幼稚想法吧，不只是為了不要失去你所愛的人，也為了不要讓你的孩子失去所愛的人。

‧要去質疑被塑造出來的形象

更進一步需要的是解開否定父親形象的魔咒，要去察覺自己受到內心的父親形象擺布，同時對否定父親形象有必要再斟酌。

否定的父親形象，雖然部分是因看到現實中父親令人討厭的一面所形成的，但除此之外也受到母親或周遭大人的反應或言詞誘導的部分也不少。

例如，父親因焦慮而大聲說話。為此，母親在孩子面前如果可憐地掉淚說，「我最討厭像你爸爸這樣的人了，要跟這種人生活下去，媽媽真的好想死！」當孩子看到父親讓母親這麼痛苦，應該會湧起一股激烈的怒氣與敵意吧。而對父親失去尊敬，甚至覺得根本不需要父親。

然而即便是同樣的狀況，聰明且成熟的母親，使用不同的說法結果就會截然不同。「爸爸平常很溫柔的，可能是他工作太累、壓力太大才會情緒不佳。我們要更體貼他！」母親這樣的反應，可以防止孩子對父親產生憎惡或敵意，不只是維護了對父親的尊敬，也保護了對於母親的信賴，甚至對所有其他人、整個世界的信賴。

同時，母親那份體貼與接納對方的心情，也讓孩子學會理解事物要考慮到背後的狀況等等的態度。這樣才能培養出真正同理心，孕育真愛情的能力。而這樣的結果其實是保護了你愛的人、保護了自己的孩子。

在孩子面前，要盡量避免用言語去否定父親。雖然很困難，但是若不幸走到離婚的地步時也應該盡量避免。

如果傷害了孩子心中好不容易建立的父親形象，不但會加深孩子與父親的糾葛，對孩子將來與他人的關係，以及孩子將來與自己孩子時的相處，都會產生影響。如果是女孩子的話，則是與丈夫關係會產生困難。

越是不幸的人，父親的形象就越比實際上扭曲。憂鬱狀態的人或許只會想到被父親否定，或是父親傷害母親、讓母親傷心等不好的回憶。做出許多犯罪行為的少年或不相信人心溫暖的人，口中所說出的都是些遭受父親暴力、遇到很過分的事情，在他們心中缺乏美好的事物。

然而，若是加以客觀檢驗時，會發現否定的父親形象有不少是被「捏造」，或加以誇大的。特別是當中涉及母親的操弄時，與其說這是母親有意這麼做，不如說是孩子在母親做出負面反應時容易流下強烈印象之故。如果母親沒有警覺這樣的危害，就容易發生這樣的弊害。

當一個情緒起伏不定，或有被害妄想、常在孩子面前嘆氣、說人壞話的母親時，導致父親形象受扭曲的可能性就非常高。父親真是如此糟糕的人嗎？真的那麼壞嗎？有必要去加以釐清。

・・找回肯定的父親形象

在你記憶片斷的影像中，或許都只是在佐證母親說的話。然而這樣的印象在很多時候都是不知不覺間被操弄的。多次聽到否定的言論，就把一切的體驗都透過否定的過濾器來看待。

父親也許無法像母親那麼能幹地照顧孩子，也許他們不懂得如何好好表現自己的愛。但那並不代表他們一定沒有真正的愛。父親愛的方法或許比較內斂，但是他們幾乎都是愛著孩子的。即使在不被允許見面的情況下，父親也是思念孩子的。

我曾經遇過許多因罹患精神疾病無法工作、不得不離婚的男性，他們懷抱著多麼深切的失去悲傷。因為想念孩子而痛苦，那種痛苦與悲傷絕不亞於母親。

拋棄家庭的父親也一樣。即使另組家庭，但在心中的某個角落，還是會一直對他棄之而去的孩子帶著罪惡意識，以及難以說出的悲傷。他絕不會遺忘，就算想忘也忘不了。在他的人生越是接近終點時，那份失落感與罪惡感只會越來越強烈。

試著回想你與父親的短暫相處；回想一下父親為你所做的事、父親對你說過的話、父親對你投注的眼神。

蒐集這些與父親相關的客觀事實或小插曲，或把他的人生再重組一次也可以。父親也是一個像你一樣的人，或許孤獨、辛苦或痛苦，他也和你一樣渴求著愛，在無法如願的狀態中掙扎。

父親在你現在的年齡時，他在做什麼？也許他和你一樣正在為人生苦惱，他也許和你一樣正為父母關係而苦。不，也許他連這樣的自覺也沒有，活得懵懵懂懂地也說不定。但可以確定的是，他的人生也是和你一樣，如此地一路走來。父親也是一個跟你沒有什麼不同的人；父親也是一個想要被愛、想要獲得認可的人。

父親也一樣是被拒絕就會受傷，為了保護自己也曾經傷害過別人。父親他也有弱點，或許也有像孩子的一面。但可以確定的是，他並不是一個一切都只令人憎恨或嫌惡的人。

在進行這樣的重組作業中，你要做的是再一次思考，你憎恨的父親、你討厭的父親，是父親真實的樣貌嗎？是不是有人間接灌輸給你的，或是被他人的解讀或定義給操縱了？你是不是其實希望把父親想像得好一點？是不是也想得到父親的認可呢？

母親否定父親、貶抑父親的言詞是不是影響了你的判斷？你從父親身上繼承的、遺傳的真的都是那麼糟糕的東西嗎？

重新再思考一次，父親做過的「壞」行為，是在什麼樣的狀況下做的？具有什麼意義？是不是來自母親所告訴你的看法？要盡量地客觀多方思考父親身上發生過什麼事。

在那些自私行為、憎恨的事件上，也許能找出其他的意義，即使只有一點也好。如果能在父親身上找到同感的部分，或是可以肯定的部分，那麼你就可以從否定的父親形象束縛中解脫，就能脫離母親加緒於你的否定父親形象，更接近現實中的父親。

若能在現實的父親身上找到肯定的一面，就能沖淡一些理想化的父親形象，更進一步地往接受有缺點也有優點的真實樣貌靠近。如此便能從父母的意象支配中得到一些自由，而往愛一個現實存在人物的方向走。

・・曾經有過的快樂時光

如果，在對立與糾葛開始之前曾經有過幸福快樂的時光，那麼請不要拋棄當時的回憶，試著偶爾回想也好。想想離婚後從你面前消失的父親，只覺得他是拋棄你的父親？光用想的就覺得痛苦？或許你不希望被這種無益的事情搞亂自己的心情。

但是，那恐怕並不是你真正的想法。在你心中某處，應該仍然希望能再一次見到幼年時期追著他、牽你手的人。或許你認為那樣做只會讓母親傷心，且父親也並不希望如此，所以放棄，一直想忘記。但是至少，你認為父親也不希望見面這一點就是錯的。

曾經共同生活的孩子，父親並不會遺忘，或許父親也是告訴自己只能遺忘，所以才會死了心地過著自己的生活。但是在內心的深處，一直都像缺了什麼似的，心裡帶著空洞與空虛的感覺生活著。恐怕這種空虛與罪惡感其實也不曾從他的心裡頭消失過吧。

就算藉著工作或酒精想要掩蓋這種悲傷，但如此做非但無法治癒，恐怕還會變成無法挽回的思念，折磨著內心吧。

什麼都不想還很天真無邪的時候，當時父親在你的身旁，看著你的臉、你的一舉一動，都會使得他的內心激動不已。將你抱起、聽你的笑聲，感受到從未嚐過的喜悅，為了這個小小生命的存在，他應該也誓願無論如何都要保護你。他應該也想過要把自己所學、所體驗過的東西都要說給你聽吧。

然而，這樣的想法還沒有達成，就不能陪在無可取代的孩子身邊，他應該會覺得自己是沒用、丟臉的父親吧。

此外，還要去試著回想父親牽著你的手，很自然地你跟父親撒嬌的過去。那時候你還不會討厭自己，也不會有害怕別人的感覺，只是很天真地撒嬌、被抱著，一起玩樂，那個父親與母親都守護著你的日子。在你心中擁有自癒力泉源，就是來自於那安穩而滿足的時光。與母親融合，父親靜靜在旁守護的生活，那就是你安心的原點。

即便父親從來不曾為你做過任何一件事，父親一半的遺傳基因還是活在你的身體裡，在你的身體裡確確實實擁有來自父親的給予。重新看待父親並不是在思考一個跟你毫不相關的人，那也是在思考關於你自己。

如果你禁止自己去感受父親是值得愛的，那麼只要去解除那個禁令就可以了。在你的心裡，是否在憎恨父親的同時也潛藏著愛父親的心情？這樣的感覺很重要。那不是因為父親而重要，而是因為你自己所以重要。因為，這樣的心情將你的人生以及你和身邊人的關係，都導向一個良好的方向。

當你變得可以肯定父親的時候，你就會更肯定你自己、更信賴他人，也就更懂得體貼身邊的人。

孩子想要去愛父親

就算你討厭父親，其實你並不是真的討厭父親，那是你為了保護自己不受傷而採取的防禦反應，也有可能是你全然接受母親對父親的評價所造成的結果。

可是，就算是經常遭否定、不懂得什麼是愛的人，仍然是對父親有感覺的。就算生活悲慘，一直處暴力環境的孩子，也是一面帶著否定的父親形象做出激烈反彈，但同時也有強烈渴求父親的心情。

就算是暴力的、無可救藥的父親，孩子還是需要父親，希望能獲得父親的認同。

我想起了一位少年的故事，就叫他裕司（假名）吧。在沒有見到他之前，我早已聽聞他的事。他從少年感化院被轉送來，因為他把少年感化院搞得天翻地覆，實在沒有辦法處理，所以被轉送到醫療少年感化院。他可以說是令人頭痛的頭號人物，每個人都戰戰兢兢地迎接他。

來到院所後，要進行所持物檢查，並製作私人物品清單加以扣留保管。在離院之前都需替他保存。裕司的所持物幾乎都放在一只運動包包裡，那是他全部的家當。從那塞得滿滿的包包裡露出一樣東西，那是一個牌位。

一個十來歲的少年，運動包包裡面竟帶著一個牌位？真是一件奇妙的事。

管理人員問他，「那是誰的牌位？」他回答說：「是我爸爸的！」

問他為什麼要帶著牌位，他只回答說：「因為我沒有家。」

管理人員沒有多問，繼續進行扣留保管手續。

在一連串的手續完成後，帶他來進行診查。這樣警備森嚴的氣氛中，被許多壯碩的職員包圍而來，很意外地卻是個有著爽朗笑容的少年。

我可以感覺到大家都對他報以懷疑的眼光，覺得那不過是做給別人看的，在那溫和的表情下一定隱藏著可怕的本性。然而，我取下了那警戒的鎧甲，盡可能地用最率直的心情與他面對。

他大大地出乎我的預期，他並沒有情緒亢奮，或說出什麼粗暴的話，在平穩的對話中，他同意未來將進行治療。

過了一天、兩天、一個星期、半個月，他身邊的戒護人員每天都戰戰兢兢，害怕他隨時會惹出麻煩來。

然而，他完全沒有做出任何暴力行為，也沒有做任何讓大家困擾的事。

他總是窩在房間裡讀書、寫文章。

他非常期待每星期一次的看診，也告訴了我許多事情。一開始不知道他是不是在試探我，都說些無關緊要的話；不久之後，他就把過去的事都熱切地告訴了我。

實際上跟他交談後，發現他是一個非常單純、內心溫柔的孩子。我只是傾聽著裕司的話，並不需要對他特別說些什麼。

裕司不曾好好地上過學，但是他具有一定實力，只是不喜歡念書而已，同時他具備了自我思考力。我聽著他說話的同時，感覺到他確實努力想要面對自己的問題。而裕司是在要求我當這樣的媒介角色。我不打擾他自己的作業，一面對他認同，同時也覺得認真地傾聽才是最好的支持。

裕司過去的人生在診療室中一點一滴地甦醒，他告訴我的人生故事真是曲折。

裕司是在父親嚴重暴力下長大的孩子。因為討厭父親的暴力，母親便決定離婚。當時他還沒有上小學，母親牽起妹妹的手問裕司，「你打算怎麼辦？」

說真的，當時裕司很想跟著母親去，但當時父親寂寞的表情映入了他的眼簾。

如果連自己都跟著母親走，那父親就太可憐了。還是小孩的裕司便回答：「我要留在爸爸身邊。」

那是他命運的分歧點。

沒有母親的生活，日子過得很乏味。被打是家常便飯，而且打罵都不需要理由。有時明明只是吃個飯，父親也會突然一拳打過來。也曾因為思念母親躲在棉被裡哭，然而他卻沒有想過要到母親那裡去。

父親完全不會做飯，所以只能吃些現成的東西，也曾經連續吃了一個星期的泡麵。即便如此，父親在還是比不在家來得好。因為父親若是不在了，連吃的東西都沒錢買。

父親也曾兩、三天沒有回家。抱著餓壞的肚子裹著毛毯，聽到像是父親的腳步聲就趕緊衝出去。可是，當發現只是路過的人時，感到非常難過。

因為沒得更換，他總是穿著髒兮兮的衣服，也不知道誰說他「好臭」，於是他開始被霸凌。要是打了那些捏著鼻子嘲笑他的人，老師就會嚴厲加以斥責。老師問他為什麼要做這種事？但是無論怎麼問，他都不會說出打人的理由。老師對此感到驚訝地直說「真是個倔強的孩子」，便饒恕了他。老師應該是知道吧！因為老師常常會拿吃的東西給他，是一個很溫柔的老師。

然而父親卻沒有這麼簡單。聽到孩子在學校發生的事，覺得孩子「讓父母丟臉」，於是怒火中燒，連理由都不問地就對他拳打腳踢。就算他乞求父親的原諒也沒有用。

父親越是打罵，裕司的問題行為就越來越誇張。騎偷來的機車、抽菸、偷東西，打傷學長。

小學四年級的時候，他第一次被送進院所，之後就開始了他往來院所的生活。不知道什麼時候會被偷襲的院所生活並不輕鬆，然而即便是一個那種父親的家，他還是想回去。然而父親卻很少來會面。

直到有一天，父親突然來會面，而裕司已經是中學生了。

父親告訴他要到遠方工作，要是賺了錢一定會來接他回去。然而父親從此沒有再出現過。那之後不到一年，父親去世了。

裕司回到社會，是半年之後的消息，父親的牌位與遺骨放在幾乎沒有來往的伯父家，是伯父通知他父親自殺身亡的事。伯父非常不高興地說「到最後還要給人惹麻煩」。

於是裕司把牌位搶了，奔出伯父的家。

這個社會沒有裕司可容身之處，他沒有錢也沒有東西吃，於是他犯下了竊盜罪，被逮捕送到最初的少年感化院去。

有一天，許久不見的母親出現在少年感化院。自從五歲時分開後，已經過將近十年的歲月。

母親說：「我不知道你變成這樣，跟媽媽一起生活吧！」如果父親還活著，裕司應該會拒絕吧。然而父親已經不在了。

可是十年的歲月實在太長了，母親再婚之後跟裕司像是不同世界的人。母親和妹妹，以及成為他養父的男人，住在一個高級住宅區的大房子裡。養父用懷疑的眼光看著裕司，對他一本正經地說教，斬釘截鐵地對他說：「要在這個家裡生活，就要遵守這個家的規矩。」養父有事沒事就用諷刺的口吻說他，在養父面前，母親和妹妹必須畢恭畢敬實在令他生氣。因為不能給母親惹麻煩，所以他一直忍耐，終於到了有一天兩人發生爭吵。

「如果你不能遵守這個家的規矩，你就給我出去！」

母親要他道歉，但是裕司非常頑強。

「雖然時間很短，還是感謝您的照顧。」裕司說完便整理好自己的東西，離開了那個家。

那是他放浪生活的開始。沒有住所，也沒有保證人的十五、六歲年輕人，不可能找得到什麼像樣的工作。如果挨不了餓，也只能去偷了。

然而無論什麼時候，只有父親的牌位是他一定會小心翼翼帶著的。裕司的行為，讓我越聽就越覺納悶。他受到父親虐待、被丟進感化院，最後父親自殺、不顧裕司就離開，有這樣的父親為什麼裕司還會這麼做呢？帶著牌位走也是某種依附的行為，他對父親如此執著的理由何在？還是故意要給母親看，才對父親如此執著。

這個謎團後來稍稍解開的時候，是在裕司的治療暫告一段落、過了半年之後的事。裕司情緒非常穩定，和之前判若兩人積極努力，因此便轉到特等少年感化院去，開始接受回歸社會的訓練。在那裡過了半年後，裕司就可以回歸社會了。在他回到社會前，有一個晚上的時間可以被移送保護到本來的院所。

就這樣，我和裕司在半年後又重逢了。

在特等少年感化院裡，裕司並沒有發生任何的問題，不如說他自己非常積極地處理自己的問題，成長得更為茁壯了。裕司跟我說離開之後的事，突然改變口吻說：「其實我還有事情沒有跟醫生說。」

果然還是跟他父親自殺的事情有關。

「我是後來才知道的，在我逃走的期間，父親曾經來面會。」這個意外的事實讓我一時之間說不出話來。

「是的，就是和我錯開了。他知道我從院所逃走後，好像非常失望。」

「那、你父親他……」

「應該是想在死前來跟我見上一面吧。可是他的兒子卻不在……我一想到我爸不知道是怎樣的心情，就……竟然會想要來見我，應該是很寂寞吧！」

裕司的聲音裡含著自嘲的笑，但他的眼中卻泛著淚。

「雖然我老爸把我揍得很慘，還害我被人嫌棄，但是我真的覺得那種事真的無所謂。我很想跟他說，當你的兒子真好……但是，已經沒辦法說了。」

裕司說著慘然一笑。

女兒需要父親的心情令人揪心，但兒子需要父親的心情更加令人難過、悲傷。雖然兒子不太會表示出來，但是內心深處還是深藏著仰慕父親的心情。就算父親不成材，很少見面，不，正因為如此才更無法不需要父親，才會一直都懷抱著想被愛、想去愛人的心情。

結語

自二〇一二年秋天《母親這種病》出版以來，非常多人閱讀過，也多次再版。這讓我再次感受到對於和母親關係感到煩惱的人何其多啊！母親這種病又是多麼切身的問題。

這其中，經常聽到讀者的迴響就是「為什麼都說母親？」「那父親呢？」正是如此，光討論母親，不用說是很片面的、很不公平的事情。

然而為什麼我非要聚焦在母親身上，非得寫《母親這種病》不可呢？相信讀過本書的你已然了解。在某種意義上，能夠談論父親如何如何，或許都還算是幸福的狀況。現在大多數人比起與父親的關係，顯然在更早期的成長階段就已經跌跤了。

當然，因為父親而哭泣、嘗到此滋味的人也很多，並不亞於為母親所苦的人。由於男性的性別特徵之故，父親在某種意義上是一種更為棘手、更難處理的問題。因此，就像是家暴或虐待的代表一樣，把一個不成熟又無可救藥的父親問題視為是攻擊的目標，然後再歸咎他的罪惡或許比較容易吧？

然而誠如你讀過本書所了解的一樣，這本書絕非一本為「被害者」悲嘆憤慨的書。因為把一個人視為是「被害者」，對解決他的問題或心靈創傷絕對沒有幫助。必須要用更中立的立場，站在一個俯瞰的角度來回顧。

毋寧說更必要的是，要用同理心去理解在父親身上發生的事。最終，你將能找回真實的父親樣貌，從綑綁你的父親束縛中解脫。若本書能成為你轉化的小小契機，幫助你再發現自己，那麼就達到我寫這本書的目的了。

在父親缺席、父親存在感薄弱中，日本也逐漸呈現「無父親社會」的狀態。然而即使父親的存在感再怎麼薄弱，他的角色重要性也不可能消失。父親與母親本來就是一種互補的關係，當母親的功能無法順利發揮、母親病蔓延時，背後確實存在著父親缺席的現實。在有父親卻沒有發揮功能的情況下，母親身上的負擔實在過於龐大。

父親需要再一次取回他的位置。為此，社會必須重新認識父親的重要性。因為從孩子身邊奪走父親的，是這個以追求利益為優先的社會。

不管怎麼說，孩子在成長過程中還是需要父親。為了孩子均衡發展與良好成長，父親與母親同樣重要。小的時候母親的角色雖重要，但到成長後的青春期，父親角色的重要性相對增強。這時，在心理上父親的缺席、父親沒有發揮功能時，就容易危及到孩子的成長。就如同即使卡路里足夠，若是缺乏維生素或礦物質容易導致營養不均衡一樣，父親的缺席容易引發父親缺席症候群。孩子雖然會想辦法填補那個空白，但在內心仍擁抱著對父性的飢渴，這可是會把一個人的人生搞得一團亂。

然而，只靠母親一手養育長大的人，也不需要太失落。人類有極高的補償能力，單親也是可以同時擔任父親與母親的角色。只是，為此就必須要先克服自我內心否定的父親形象以及母親形象的束縛，要讓它以肯定的形象重新在內心甦醒。這或許很困難也說不定，但絕對會有回報的。

父親的存在並不只意味著現實的存在才是存在。內心的父親形象是什麼樣的，比現實父親的樣貌更為重要。否定的父親形象會在不知不覺當中潛入你日常的人際關係中，它會破壞你的社會生活與你的家庭生活。而遺憾的是，父親的形象往往是被扭曲得超越實際。

即便有些缺陷，孩子還是想愛父親，也想要相信父親是值得愛的人。這麼做能讓孩子自身獲得幸福。我不得不祈求，孩子讓人如此心疼的心願，不要遭到踐踏。

即使宣稱我才不需要什麼父親，但孩子在心裡還是想要父親。他們希望父親和母親都能幸福，可以的話更希望兩人感情好、彼此相愛。如果這是不可能的話，至少他們希望能不要互相傷害，是彼此尊重的關係。孩子這樣的願望難道過分了嗎？

最後，我想感謝的是總是埋頭努力，用她的耐性與熱忱等待著我的稿件，經常鼓勵我、給我意見的POPLAR社編輯部的千美朝小姐。由衷地感謝妳！

二〇一四年三月

岡田尊司

Issue 035

父親這種病

作者—岡田尊司
譯者—張婷婷
主編—李筱婷
企劃—林進韋
封面設計—兒日設計

總編輯—胡金倫
董事長—趙政岷
出版者—時報文化出版企業股份有限公司
108019台北市和平西路三段二四〇號四樓
發行專線—(〇二)二三〇六—六八四二
讀者服務專線—〇八〇〇—二三一—七〇五
(〇二)二三〇四—七一〇三
讀者服務傳真—(〇二)二三〇四—六八五八
郵撥—一九三四四七二四時報文化出版公司
信箱—一〇八九九臺北華江橋郵局第九九信箱
時報悅讀網—http://www.readingtimes.com.tw
時報出版愛讀者—http://www.facebook.com/readingtimes.fans
法律顧問—理律法律事務所 陳長文律師、李念祖律師
印刷—紘億印刷有限公司
初版一刷—二〇一五年六月十二日
二版一刷—二〇二一年六月十八日
定價—新台幣三〇〇元

時報文化出版公司成立於一九七五年，
並於一九九九年股票上櫃公開發行，於二〇〇八年脫離中時集團非屬旺中，
以「尊重智慧與創意的文化事業」為信念。

父親這種病/岡田尊司著；張婷婷譯. -- 二版. -- 臺北市
：時報文化出版企業股份有限公司, 2021.06
面；　公分. -- (Issue ; 35)
譯自：父という病

ISBN 978-957-13-9072-7(平裝)

1.父親　2.親子關係

544.141　　110008346

ISBN 978-957-13-9072-7
Printed in Taiwan